全国高等职业教育快递专业(方向)专业课程推荐教材

Kuaidi Yewu Gailun

快递业务概论

国家邮政局　组织编写

人民交通出版社

内 容 简 介

本教材在详细介绍快递服务的概念与发展的基础上，描述了国内快递业务、国际及港、澳、台快递业务的种类、操作流程和禁限寄规定，提出了国际快件通关、快递服务合同的管理与操作规范，并阐明了信息管理在快递业中的具体应用。

本书为高职教育快递专业（方向）教学推荐用书，可作为中职、本科等层次相关专业人才培养参考用书，也可供快递物流相关企业各层次管理人员、专业技术和技能型人员参考使用。

图书在版编目（CIP）数据

快递业务概论／国家邮政局组织编写．—北京：人民交通出版社，2011.7

全国高等职业教育快递专业（方向）专业课程推荐教材

ISBN 978－7－114－09168－1

Ⅰ．①快… Ⅱ．①国… Ⅲ．①邮件投递—概论 Ⅳ．①F618.1

中国版本图书馆 CIP 数据核字(2011)第 103719 号

全国高等职业教育快递专业（方向）专业课程推荐教材

书　　名：快递业务概论
著 作 者：国家邮政局
责任编辑：沈鸿雁　周　宇
出版发行：人民交通出版社
地　　址：(100011)北京市朝阳区安定门外外馆斜街 3 号
网　　址：http://www.ccpress.com.cn
销售电话：(010)59757969，59757973
总 经 销：人民交通出版社发行部
经　　销：各地新华书店
印　　刷：北京盈盛恒通印刷有限公司
开　　本：787×1092　1/16
印　　张：7.5
字　　数：176 千
版　　次：2011 年 7 月　第 1 版
印　　次：2011 年 7 月　第 1 次印刷
书　　号：ISBN 978-7-114-09168-1
印　　数：0001－5000 册
定　　价：18.00 元

《快递业务概论》编写人员

贺　怡　唐春林　张幸花　黄顺清　卢玉玲　吴延军　王昭怡

前言

改革开放以来，快递市场逐渐成为邮政业市场最具活力的领域。自2006年邮政体制改革以来，特别是2009年新修订的《中华人民共和国邮政法》第一次明确快递企业的法律地位后，快递企业迎来了新的发展机遇，快递服务面临着广阔的发展空间。近年来，快递企业规模不断扩大，业务收入快速增长，但高层次、专业化、技能型人才匮乏。这已经成为制约企业发展的关键因素。因此，加快快递服务人才培养，努力扩大快递专业人才规模，提高人才质量和素质，是提升企业核心竞争力，促进行业可持续发展的重要前提和保证。

大力推进快递专业人才教育培养是邮政行业贯彻落实科教兴国和人才强国战略的重要工作。为了有效履行职能，根据《国家中长期教育改革和发展规划纲要(2010～2020年)》要求和国务院有关文件精神，国家邮政局发挥政府主导作用，成立了快递职业教材编写委员会，启动了快递专业(方向)课程教材的开发建设工作。

目前，全国各院校快递专业(方向)没有统一、系统和权威的专业课程教材。自2009年5月至今，我们组织编写了第一批共8本快递专业教材，以满足院校教学、企业培训和广大快递从业人员学习参考的迫切需要。这是邮政领域第一次由行业主管部门牵头，整合社会各方资源共同参与的教材建设工作。教材执笔人员为业内经验丰富，精通业务的专家、学者以及在教材编写方面具备较强优势、具有丰富教学经验的院校老师。

教材以支撑快递服务专业化人才教育培养为目标，以强化快递从业人员专业知识为导向，遵循适度超前、注重实用、科学规范的编写原则，突出系统性、权威性和实用性，贴近实际，内容全面，可用性强。

第一批系列教材分为高职和研究生两个层次。高职教材共有《快递法规与标准》、《快递客户服务与营销》、《快递业务概论》、《快递业务操作与管理》等4本，在编写上理论知识与实际操作并重，突出高职教育实际工作能力和业务技能培养的特点，强调对企业应用实例的介绍。其使用对象主要为快递专业(方向)高职层次全日制在校学生、快递物流相关企业各层次管理、专业技术和技能型人员。研究生教材共有《快递服务法规解析》、《现代快递服务科学》、《电子商务与现代快递服务》、《现代快递企业战略管理》等4本，内容侧重于快递企业经营管理、运营服务等方面系统性的理论知识介绍与分析，权威性的法律法规阐释与解读，前瞻性的服务发展趋势分析与预测，有助于拓宽视野，丰富知识，提升管理和服务能力水平。其中大量实际案例的精选和解读，对学员深入理解和掌握相关知识很有帮助。其主要面向快递企业高级管理人员和院校相关专业研究生、本科生。

该系列教材在编写过程中，得到了各方面的大力支持和帮助：北京邮电大学、重庆邮电大学、浙江邮电职业技术学院、广东邮电职业技术学院、深圳技师学院的专家、学者分别承担了有关教材内容的具体编写任务；相关省（自治区、直辖市）邮政管理局和国家邮政局有关领导对教材的编写给予了大力支持；国家邮政局发展研究中心、职业技能鉴定指导中心相关同志在教材审阅、修订和统稿方面付出了艰辛的努力；北京、上海、广东等地的多家快递企业为教材的编写提供了许多帮助，在此一并表示衷心感谢！

因能力水平所限，教材不足之处在所难免，欢迎提出宝贵意见。

国家邮政局快递职业教材编写委员会
2010 年 11 月

目　录

第一章 概 述

【内容提要】

本章介绍了快递服务的基本概念、特点与分类，分析了快递服务与物流、快递服务与电子商务之间的关系，阐述了我国快递行业的发展前景与竞争格局，明确了快递行业在国民经济和社会发展中的地位与作用。

第一节 快递服务的概念与发展

快递服务是市场经济的产物，属于邮政业，具有实物流、信息流和资金流“三流合一”的特点。快递服务又不同于传统邮政业中的基本寄递服务，两者在服务标准、价格、服务方式方面都有明显的区别。快递服务是以“门到门、桌到桌”为主的直达服务，以高于基本寄递服务的资费和更快、更方便的服务方式，更好地满足了现代市场对快速寄递服务的需求。

一、快递服务的概念

(一)快递服务的概念

快递服务(express service)是在承诺的时限内快速地将信件、包裹、印刷品等物品，按照封装上的名址递送给特定个人或者单位的寄递活动。

快件是快递企业按承诺时限快速递送的信件、包裹、印刷品等的总称。

(二)快递服务的特点

快递服务的特点，主要是指它与传统物品寄递方式的不同之处。快递服务具有以下几个特点。

1. 时效性

快件投递时间不应超出快递企业承诺的服务时限。快递服务时限是指快递企业从收寄开始，到第一次投递的时间间隔。除了与顾客有特殊约定(如偏远地区)外，服务时限应满足：①同城快递服务时限不超过 24 小时；②国内异地快递服务时限不超过 72 小时。

2. 准确性

快递企业应将快件准确无误地投递到约定的收件地址和收件人。

3. 安全性

快递服务的安全性主要包括：①快件不应对国家、组织、公民的安全构成危害；②快递企业应通过各种安全措施保护快件和服务人员的安全，同时在向顾客提供服务时，不应给对方造成危害；③除依法配合国家安全、公安等机关工作外，快递企业不应泄漏和挪用寄件人、收件人和快件的相关信息。

4. 方便性

快递企业在设置服务场所、安排营业时间、提供上门服务等方面，应方便为顾客服务。

（三）快递服务的分类

根据不同的分类标准，快递服务具有不同的分类形式。

1. 按快件寄达范围划分

（1）国内快递服务

国内快递服务是指快件在同一个国家内的递送过程，即快递服务的整个过程都没有超出一个国家的国界。我国《快递服务》（YZ/T 0128—2007）标准根据快递服务的服务区域和相应时限将快递服务划分为同城快递服务、国内异地快递服务。

同城快递服务是指寄件人和收件人在中华人民共和国内地同一个城市内的快递服务。同城快递服务除与顾客有特殊约定（如偏远地区）外，服务时限应满足不超过 24 小时的要求。与国内异地快递服务相比，同城快递服务是近年来快递市场中发展最快的业务，通常使用简单的交通工具，属于劳动密集型业务。同城快递市场的进入门槛低，竞争激烈。同城快递服务多集中在商业发达的大中城市，对活跃城市经济、提高客户的工作效率、增加社会就业等起到了积极的促进作用。

国内异地快递服务是指寄件人和收件人分别在中华人民共和国内地不同城市的快递服务。国内异地快递服务包括区域内和区域间的业务，区域内快递业务主要通过公路或铁路运输完成，区域间快递业务通常要通过航空工具完成。国内异地快递服务除与顾客有特殊约定（如偏远地区）外，服务时限应满足不超过 72 小时的要求。

（2）国际快递服务

国际快递服务是指寄件人和收件人分别在中华人民共和国和其他国家或地区的快递服务。由于港、澳、台快递业务的处理规则与国际快递业务类似，因此一般在业务处理中将港、澳、台快递业务按照国际快递业务对待。国际快递服务具有技术、资本和管理高度密集的特点，是快递服务领域利润最高的业务，也称为快递业界的高端业务。国际快递服务提供商必须具备足够的航空与地面运输能力、分拨中心和遍布世界主要国家和城市的投递网络、先进的信息跟踪和控制技术。目前在我国经营国际快递业务的主要是国际快递企业、国际货物运输代理企业以及中国邮政速递物流股份有限公司、中国民航快递股份有限公司等大型国有企业；而随着民营快递企业的不断壮大，一些知名的民营快递企业也已经涉足这一高端业务。

2. 按快件的运输方式划分

（1）航空快递

航空快递主要依托航空公司和机场，为客户提供快速的运输服务，是远途快递服务最常用的方式，在国际快递市场发挥着主要作用。

（2）公路快递

公路快递是目前运输量最大的运输方式，一般同城快递与区域快递均采用此种方式。

（3）铁路快递

铁路快递通过行李车快运，运量大、安全、准时，适用大件物品和一些航空禁运物品的远途运输。

航空、公路和铁路三种运输方式高效结合，才能提高快件传递效率，提升快递服务质量。此外，在特殊情况下，水路运输也发挥一定的作用。

（四）快递服务在国民经济与社会发展中的作用

快递服务作为新型的服务行业，具有促进经济和社会发展的双重作用。具体表现在以下四方面：

(1)从宏观经济发展看，快递服务加速了流通、使消费变得更为便利，在推动经济结构调整和经济增长方式转变方面，起到十分重要的作用。如在电子商务等新型的商务流通模式发展中，快递服务就起到了关键的作用。因此快递服务也被称为国民经济的“输血管”和“加速器”。

(2)从区域经济发展看，快递服务加速了区域内与区域间的经济联系与沟通，是促进地区经济共同协调发展的纽带和桥梁。

(3)从外贸经济领域看，快递服务推动了外贸等经济领域的发展。我国的 GDP 约三分之一是靠外贸拉动，而外贸又是靠快递服务来加速其运作速度。在当今瞬息万变的国际市场，高附加值的对外贸易产品基本都是具有高度时效性的，如快速寄递商务文件、样品、电子元器件等，没有国际快递服务的支撑，会大大降低外贸活动的节奏和效率。

(4)从社会作用来看，快递服务目前仍然是劳动力密集型行业，能够创造大量的就业岗位，增加社会就业，为社会稳定作出较大的贡献。快递市场，既包括国际业务的高端市场，也包括国内同城和国内异地快递等中低端市场，不同的业务和市场需要各种不同素质的人才，从高度专业化的快件通关人员、快递企业经理人到普通的快件运输驾驶员、收件员、分拣员和投递员等，可以为不同层次和资历的人提供就业机会。同时，快递服务在抵抗各种自然灾害中，也发挥着积极的作用。

二、快递服务的发展与前景

(一)快递服务的起源

早在我国古代就已经有了快递服务。快递服务在我国古代经历了“步传、车传、马传、驿站传递、新式邮政”的发展过程。据史书记载，最早的信息传递，是尧帝时期的“鼓邮”。西周时期出现了实物传递，分为“轻车快传”、“边境传书”、“急行步传”方式，邮驿制度开始形成。到了封建社会的秦朝，公文分为“急字”和“普通”两种文书，在传递方式上有了快递和普递之分。古代快递的递送成本极高，主要服务于朝廷与官府，譬如递送重要官府文书。大家耳熟能详的“一骑红尘妃子笑，无人知是荔枝来”的诗句中所描述的就是千里快递到长安城的景象。而在国外也很早就有了类似的信息和物品传递活动，如人们熟知的马拉松的故事就被视为传递信息的生动事例。

进入 20 世纪初叶，资本主义经济迅速发展，现代快递业诞生。1907 年 8 月，美国联合包裹服务公司(UPS)创始人吉姆，以 100 美元为注册资金，在华盛顿州的西雅图市创建了美国信使公司。创业之初，他们租用一间简陋的办公室，聘用了十几名员工担任信使。他们利用市内的几个服务网点，通过接听客户电话，指派距离最近的信使前去收件(有商务文件、小包裹、食物等)，然后按发件人的要求和时限送到收件人手中的方式工作。这便是“现代快递”的开端。而“国际快递”则是在其后几十年才出现的。1969 年 10 月，美国大学生达尔希(Dalsey)与伙伴赫尔布罗姆(Hillblom)、林恩(Lynn)在美国旧金山成立了 DHL 航空快件公司，公司名称由三人英文名字的首字母组合而成，主要经营国际业务，从此开创了“国际快递”的先河。

(二)快递服务的发展与前景

在我国，随着改革开放的深入，日趋激烈的市场竞争环境要求社会能够提供更加快捷、安全的物品传递服务，同时不断改善的交通状况及信息管理技术也为这种服务提供了可能，我国的现代意义的快递服务应运而生。我国快递服务的发展，大致经历了三个阶段。

1. 起步阶段

20 世纪 70 年代末至 90 年代初，是我国快递服务的起步阶段。源于外向型经济的拉动，我国的快递服务从国际快递开始起步。这一阶段，我国的快递服务从无到有，取得了一定的发展。该阶段的特点是我国邮政 EMS 迅速发展，外资快递企业逐步进入我国市场。

1980 年 7 月 15 日，我国邮政开办了国际快递业务。1984 年，我国邮政又开办了国内特快专递业务，并于 1985 年成立中国速递服务公司（EMS），专营国际、国内快递业务。全球邮政特快专递（EMS）的服务网点遍布全国，总计 6 万多个。依托邮政特有优势，公司建立了完善的业务网络，与世界上 200 多个国家和地区建立了业务关系，在国内 2 000 多个城市开通了业务，拥有一支 14 000 余人的专职邮政快递员工队伍及 1 万多部专用揽收、投递、运输机动车辆，可实现门到门、桌到桌的一条龙服务。EMS 拥有十几架自己的货机，既经办国内快递业务，又经办国际快递业务。

这一阶段，国际快递企业也陆续进入我国市场。改革开放以后，我国首先面临的是对外经济和文化交流的迅速发展。中外双方都急需快速传递商务文件、银行票据和小件包裹等。1980 年 6 月，我国原对外贸易部和海关总署批准，中国对外贸易运输总公司与日本海外新闻普及株式会社（OCS）签订了国际货物运输代理协议，由中外运公司代理 OCS 公司开展将日本报刊及商业函件递送给日本驻华机构和企业的服务。日本海外新闻普及株式会社（OCS）成为进入我国的第一家国际快递企业。随后，世界主要跨国快递企业，包括德国敦豪快递公司（DHL）、美国联合包裹服务公司（UPS）、美国联邦快递公司（FedEx）、荷兰天地快递公司（TNT）等，均以与中方企业合资的方式进入了我国。

2. 成长阶段

20 世纪 90 年代初至 21 世纪初，是我国快递服务的成长阶段。这一阶段的特点是民营快递企业迅速发展，快递市场经营主体多元化逐步形成。民营快递企业以工商、金融、贸易、海运业为主要服务对象，以商务文件、小包裹为传递内容，以较低廉的资费，采取“门到门、桌到桌”的服务方式，承诺在规定的时间内完成寄递服务，得到了社会越来越多的认可。

在这一阶段，外资快递企业也加速在我国的发展扩张，它们利用与国内企业合作的机会，加大战略性投资，快速铺设网络，建立信息系统，在我国快递市场中占据越来越大的份额。

总体来讲，在这个阶段我国快递服务有了较快的发展，业务量急剧上升。根据我国海关的统计数据，全国进出口快件由 1993 年的 669 万件，上升为 1998 年的 1 034 万件。

3. 快速发展阶段

21 世纪初至今，是我国快递服务的快速发展阶段。21 世纪以来，我国以更快的速度融入世界经济，对外贸易年出口额超过 1 000 亿美元，吸引大量外资来我国投资，有力地拉动了我国快递行业的发展。特别是我国加入世贸组织后，进入世界市场的步伐进一步加快，社会对快递服务的需求持续较快增长，大量的样品、单证、商务函件、资料、文书等都需要快速传递，快递服务进入了快速发展的黄金期。全国快递业务量以每年超过 20% 的速度递增。按照加入世贸组织时的承诺，我国已于 2005 年开放了除我国邮政依法专营以外的快递业务，并允许外资快递企业在华设立全资子公司。我国邮政市场开放程度进一步提高，市场竞争更加激烈，高质量、高附加值的快递服务成为竞争的焦点。

快递服务发展迅速，经营主体不断增加，服务范围进一步拓展，市场竞争更趋激烈。竞争领域由国际业务向国内业务拓展，由大城市及东部经济发达地区向中小城市和内地扩张，目前已经在我国东部地区形成了以沿海大城市群为中心的四大快递区域。同时,这四大快递区域又以滚动式、递进式的扇面辐射,带动中部和西部地区的发展。一些大城市和特大城市已经成为区域性快递产业发展中心,在全国范围内形成了以基本交通运输干线为"轴线"的若干快递通道。我国快递行业布局初步形成了"点—轴—面"的形式,如图 1-1 所示。

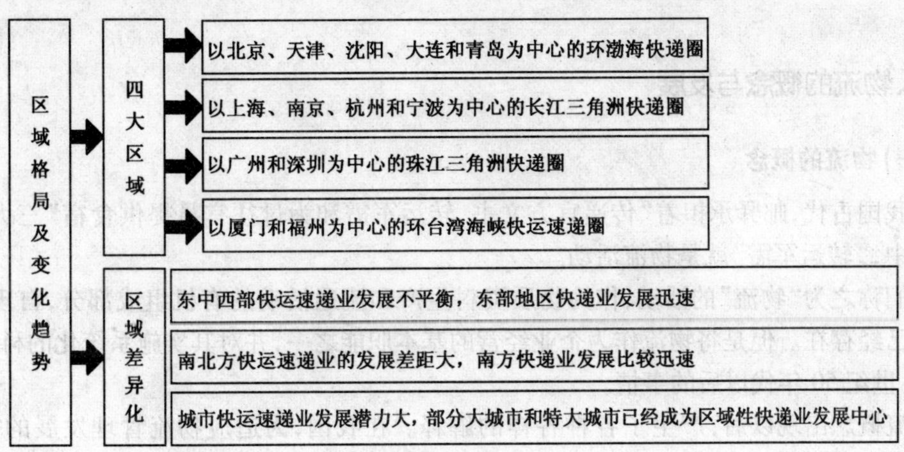

图 1-1 快递行业区域分布

我国快递服务经过 30 多年的发展,已经成为一个规模较大的产业。2008 年,我国登记备案的快递企业达到 5 000 余家,全行业从业人员 23.1 万人。2009 年全国规模以上快递企业业务量累计完成 18.6 亿件,同比增长 22.8%;业务收入累计完成 479 亿元,同比增长 17.3%。全年同城、异地、国际及港澳台快递业务收入分别占全部快递收入的 7.3%、55.7% 和 31.7%;业务量分别占全部快递业务量的 23.5%、70.4% 和 6.1%。据国家邮政局公布的 2010 年快递业务的统计数据显示,2010 年国内快递业务收入完成 573 亿元,快递业务量完成 24 亿件,分别是"十五"末的 250% 和 300%,而取得快递业务经营许可的法人企业超过 5 000 家。快递网络、服务领域和产品种类不断拓展,快递产业在产品供应链、服务链中发挥着重要作用,服务生产、服务民生的基础性作用日益显现。

随着快递业务的迅速发展,快递服务的法律、政策环境也在不断地优化。2007 年 9 月,国家邮政局颁布了《快递服务》(YZ/T 0128—2007)标准,为快递业提供了规范的服务行业标准,填补了我国快递服务标准的空白。2008 年 7 月,《快递市场管理办法》正式实施。2009 年 10 月 1 日,《快递业务经营许可管理办法》和修订后的《中华人民共和国邮政法》(以下简称《邮政法》)同步实施,首次在法律上明确了快递企业的地位,并设置了快递业务的准入门槛。

修订后的《邮政法》的实施,对整个快递行业产生了深远的影响。《邮政法》体现了国家鼓励邮政市场领域公平竞争、促进发展的基本原则,给包括国有、民营、外资企业在内的各类经营者创造了公平竞争的市场环境;明确了快递服务属于邮政业的服务范畴,是现代服务业的重要组成部分;首次明确了快递企业的法律地位;明确了快递市场准入,规范了快递业务,为建立统一开放、竞争有序的邮政市场提供了坚实的法律基础。

近年来,我国快递业务收入以平均 20% 以上的速度在逐年递增。快递行业已经形成了多种所有制并存、多元主体竞争、多层次服务共生的格局,发展的潜力非常巨大。随着国民经济和社会的发展,我国仍将是全球快递产业增长最快的地区。广阔的市场前景和相应的宏观政策支持，为我国快递市场创造了良好的发展机遇。预计未来10~20年，我国快递市场仍将是一个充满活力、快速增长的市场。

第二节　快递服务与物流

一、物流的概念与发展

（一）物流的概念

在我国古代，邮驿承担着"传递官方文书、转运军需和为过往官员提供食宿"三大基本职能。其中，"转运军需"就是物流活动。

人们称之为"物流"的活动，作为物质资料生产和流通活动的有机组成部分，自现代文明开始便已经存在。但是将物流作为企业经营的基本职能之一，并对其实施系统化的科学管理，则是20世纪50年代以后的事情。

物流概念出现以后，产生了各种各样的解释。在我国，为适应物流管理发展的需要，在2001年8月1日实施的《物流术语》（GB/T 18354—2006）中，对物流的概念作了如下表述：物流是"物品从供应地到接收地的实体流动过程，根据实际需要，将运输、储存、装卸、搬运、包装、流通加工、配送、信息处理等基本功能有机结合"。

（二）物流概念的发展

20世纪50~70年代，人们研究的对象主要是狭义的物流，是与商品销售有关的物流活动，因此通常采用Physical Distribution（传统物流）一词。而20世纪80年代以后，物流主要是指Logistics（现代物流）。Logistics与Physical Distribution的不同在于，Logistics已突破了商品流通的范围，把物流活动扩大到生产领域。物流已不仅仅从产品出厂开始，而是包括从原材料采购、加工生产、产品销售、售后服务，直到废旧物品回收等整个物理性的流通过程。这是因为随着生产的发展，社会分工越来越细，大型的制造商往往把成品零部件的生产任务，外包给其他专业性制造商，自身只负责这些零部件的组装，而这些专业性制造商可能位于世界上劳动力比较便宜的地方。在这种情况下，物流不但与流通系统维持密切的关系，同时与生产系统也产生了密切的关系。这样，将物流、商品流通和生产三个方面联结在一起，就能产生更高的效率和效益。

由此可以看出，现代物流系统涵盖了与采购相关的原材料、在制品、零部件的流动和报关、制造支援以及销售物流（PD）三个子系统整合后的全过程。在现代物流系统中，销售物流处于产成品向顾客销售阶段，是产成品由生产者向需求者的实体转移过程，如图1-2所示。

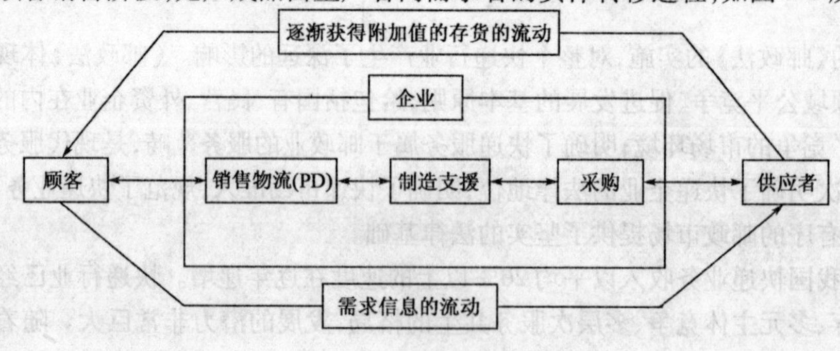

图1-2　现代物流系统

如果从物流管理的角度对物流概念或物流系统的变迁作一个分析的话,其核心体现了物流管理领域和物流系统整合范围的扩大。而信息技术的进步,为物流管理向高度化发展提供了可能。

从目前中国物流业发展的现状看,具有现代特征的物流企业,一部分是在运输企业或仓储企业的基础上,通过物流服务的延伸和方式的变革转变为物流公司;还有一部分是为满足物流市场的需求,以物流事业为经营内容的新型物流企业,其中包括第三方物流企业和以提供物流信息服务为主要内容的信息型物流企业等。物流业作为国民经济的基础产业,在促进社会生产和流通的发展、提高物流社会化与合理化程度等方面发挥着重要作用。

二、快递与物流的关系

2008 年,国家出台的十大产业振兴规划涉及的几乎都是制造业。物流业作为唯一的服务业入选,一方面是因为这一新兴行业急需发展壮大。目前发达国家社会物流费用与 GDP 的比率一般在 9% ~10%,而我国 2008 年的这一比率为 18.1%,高出发达国家 1 倍左右。由此可见我国物流水平还比较落后,该比率每降低一个百分点,就等于创造 2 800 亿元的经济效益;另一方面,物流业的发展直接关系到制造业及其他相关行业的运输成本和竞争能力。在强调零库存、订单化生产的今天,物流水平的落后,将成为制造业发展的致命短板。如何补足这块短板是我国制造业发展不可回避的重要问题。在当前我国拉动内需刺激经济发展的时期,物流业的功能和作用将进一步得到彰显。由此可见,国家把物流业列入十大产业振兴规划之中,的确是高瞻远瞩、用意深远。

快递与物流既有区别、又有内在的联系。未来一段时期,如果物流业能借助此次列入十大振兴规划的契机得以快速发展,快递行业也将显著受益。物流业的提升将有效提高快递行业的服务质量,降低快递行业的运营成本。

(一)快递与物流的区别

快递是物流的一种形态,与传统物流不同的是:物流的核心要素是仓储、运输和包装;而快递则是一种门到门的个性化精益物流服务,更重视速度。

(1)快递与物流最直观的区别是快递服务的目标明确而且单一,就是把物品从甲地直接送到乙地,中间不需要任何停顿,越快越好。快递服务的最终目的是无论顾客在哪里,只要需要某一物品,它就会以最快的速度、最短的时间送达顾客。

而物流,在要求快速的同时还需要用一种先进的、科学合理的组织方式去实现这种快速。譬如某产品的生产商离顾客有 10 000 公里,即使每小时传递 1 000 公里,快递服务也需要 10 个小时,而物流服务或许只需要 1 个小时甚至更少。因为物流系统里的物品总是处于流动或者储存的状态,哪里有需求就用最近的仓储去满足,因此物流系统会在距离顾客最近的仓库找到这个产品并送到顾客手中。这样的系统才是物流的核心理念。

因此一个快递企业想要提供物流服务,必须增加储存、分拨配送、连续补货及信息化控制等功能。

(2)快递服务传送的物品往往是个性化、不可替代的物品。如果是普通商品,甲仓库里没有可以到乙仓库里调货。而商务合同或重要文书等对实效性要求极高的物品,不可能存储在仓库中等顾客来挑选,因此如果快递服务传送过程稍有差池,就会造成严重后果。

(3)快递服务传递的文件往往是信息载体,因此某些时候快递服务仍具有通信的性质。

(二)快递与物流的联系

1. 快递是广义物流的重要组成部分

物流的概念有广义和狭义之分。广义的物流是指一切实物的流动。快递服务发展到一定阶段,与现代物流中要求的快速、多批次小批量的个性化物流,在业务管理模式、生产组织方式、信息化手段支撑等方面趋于雷同,快递与物流的融合在逐步加深。快递企业增加仓储功能后,就可以经办仓储和配送业务,这也是快递企业的一种发展趋势。事实上最先开展配送服务和第三方物流的通常都是快递企业。这是因为:

(1)现代物流最重要的标准之一,就是安全、周到和准时,这正是快递企业的优势;

(2)在现代运输业和物流业中,只有快递企业最广泛地应用了最先进的通信和IT技术;

(3)国际快递企业是报关清关最快的公司,具有多年与海关默契合作的丰富经验,这是从事第三方国际物流的先决条件;

(4)国际快递企业在全球拥有自身网络,有统一的指挥(预报、查询、调度、分拨和转运),这是综合利用全球资源的最优越条件。

2. 快递为物流外包提供了基础

随着供应链理念的兴起,企业越来越认识到资源最优化配置的意义,许多企业开始把非核心业务外包,如把一些货物的快速运输外包给快递企业,这也是第三方物流产生的原因之一。

3. 我国快递行业发展滞后是制约中国物流业发展的主要原因

快递对传统运输而言,是一种最新型的运输方式。目前,与发达国家相比,我国快递行业的发展处于较低水平,与我国经济发展和社会进步的要求相比,还有较大差距。这种情况势必成为制约中国现代物流业发展的主要瓶颈之一。

第三节　快递服务与电子商务

一、电子商务的概念

(一)电子商务的概念

电子商务是20世纪后期出现的新生事物。经过约30年的迅猛发展,电子商务已经进入社会、经济和生活的各个领域。电子商务应用涉及计算机技术、网络技术、商贸技术等多个领域,是一门综合性强的前沿科学。

1997年11月,国际商会在巴黎举行了首次世界电子商务会议。会上专家和代表将电子商务的概念表述为:“电子商务(Electronic Commerce)是指实现整个贸易过程中各阶段的贸易活动的电子化”。

从涵盖范围方面定义:电子商务是交易各方以电子交易方式而不是通过当面交换或直接面谈方式进行的任何形式的商业交易。

从技术方面定义:电子商务是一种多技术的集合体,包括交换数据(如电子数据交换、电子邮件)、获得数据(共享数据库、电子公告牌)以及自动捕获数据(条形码)等。

总体来说,可以将电子商务的广义概念理解为通过电子手段所进行的商业事务活动。其包括以下两个基本观点:

1. 电子商务是一种商务活动

所谓的商务,是指与商品交换有关的事务活动。最直接的是商品交易活动,但也包括一些与买卖活动有关的事务活动,如市场营销、电子广告、市场管理、市场调查与预测、电子银行、电子税务、电子邮件、数据交换等各种事务活动。电子商务所包括的范围很广,它几乎涵盖了市场经济社会中所有实物信息的处理活动。

2. 电子商务中的"电子"是指各种电子手段

当前最主要的电子手段是计算机网络,包括互联网(Internet)、Web 网络;也包括公共通信网络(如电话网、电视网、数据网等,它们的核心也是计算机技术网络)、早期的专用增值网络、企业内部网络等;还包括电子邮件、数据通信(电话、传真、EDI、卫星通信)、计算机数据处理、网络技术、Web 技术、软件技术等。此外,电子商务的电子手段包括非网络化的计算机技术手段或非计算机技术手段,如 POS 机、自动售货机、电话、电视、传真等。

电子商务的发展有其必然性和可能性。传统的商业是以手工处理信息为主,通过纸上的文字交换信息。但是随着处理和交换信息量的剧增,该过程变得越来越复杂,这不仅增加了重复劳动量和额外开支,而且也增加了出错机会。在这种情况下,需要一种更加便利和先进的方式来快速交流和处理商业往来业务。而计算机技术的发展及其广泛应用和先进通信技术的不断完善及使用,推动了 EDI 和 Internet 的出现和发展,全球进入了信息自动化处理的新时代,这使得电子商务的发展成为可能。

(二)电子商务的分类

1. 按电子商务主体分类

按照电子商务主体分类,可分为个人、企业、政府、事业单位四种类型。

2. 按照交易形式分类

按照交易形式分类,电子商务可分为以下四种类型。

(1)以企业为交易主体的电子商务(B to X)

它是以企业(B)为电子商务主体,对社会各个层面(X)开展的电子商务。根据社会各个层面(X)的类型不同,又可分为三种:一是企业对消费者之间的电子商务活动,即通常说的 B to C;二是企业对企业之间的电子商务活动,即通常说的 B to B;三是企业对政府之间的电子商务活动,即通常说的 B to G。

(2)以消费者为交易主体的电子商务(C to X)

它是以消费者(C)为电子商务主体,对社会各个层面(X)开展的电子商务。根据社会各个层面(X)的类型不同,又可分为三种:一是消费者对消费者之间的电子商务活动,即通常说的 C to C;二是消费者对企业之间的电子商务活动,即通常说的 C to B;三是消费者对政府之间的电子商务活动,即通常说的 C to G。

(3)以政府为交易主体的电子商务(G to X)

它是以政府(G)为电子商务主体,对社会各个层面(X)开展的电子商务。根据社会各个层面(X)的类型不同,又可分为三种:一是政府对消费者之间的电子商务活动,即通常说的 G to C;二是政府对企业之间的电子商务活动,即通常说的 G to B;三是政府对政府之间的电子商务活动,即通常说的 G to G。

(4)以复合形式为交易主体的电子商务

二、电子商务与快递的关系

当前电子商务物流已经成为快递发展的新增长点,快递行业与电子商务的合作范围也在不断扩大。据统计,2008 年我国个人网上购物的份额已经达到 1 320 亿元,但只占整个社会商品消费的 1%,因此它还有非常大的发展空间。2008 年电子商务活动的包裹量达到 5 亿件,约占整个快递行业 1/3 的业务量。到 2009 年 6 月 30 日,亚洲最大的网上交易平台"淘宝网"的日交易量已经达到 400 万件包裹,其中 75% 是通过快递服务来实现。2009 年由网络购物给快递服务带来的收入为 192.7 亿元,比上年同期增长了 59.4%。预计到 2012 年,由网络购物为快递服务带来的收入将达到 442 亿元。

互联网用户规模的持续扩大和网上购物的相应优势,使得电子商务成为快递发展的新增长点。快递服务与电子商务合作日趋密切,范围不断拓展,水平不断提升。电子商务这种新型的交易模式与快递服务的有机结合,不仅推动了快递服务的持续快速发展,而且有利于提升快递服务质量,有利于加大快递产业结构调整力度,有利于促进快递行业加快向现代邮政业转型。一方面电子商务依托快递服务实现了跨越式发展,在消费流通领域的作用日益突出;另一方面,电子商务配送已成为拉动快递服务增长的重要力量。电子商务的发展对于快递服务提升服务质量,调整产品结构,加快向现代服务业转型起着重要促进作用。二者相互促进、共赢发展的前景十分广阔。具体表现在如下四个方面。

1. 电子商务推动快递服务的持续快速发展

近十年,我国电子商务保持高速发展。截至 2008 年 12 月 31 日,我国网民规模已经达到 2.98 亿人;2008 年我国电子商务交易额近 2 万亿元人民币。按照快递物流费用占商务交易额 1/10 的比例计算,2008 年仅 B to C 和 C to C 两种业务就可拉动 50 多亿元的快递市场份额增长。我国电子商务市场发展前景十分广阔,预计未来 5 年,我国电子商务仍将处于高速增长期。快递和电子商务的紧密结合,是快递行业发展的大势所趋。优质的快递服务,可以使电子商务交易成本大大降低;而电子商务交易量的快速增长,也必然会带动快递行业的发展,甚至可以改变快递行业的发展模式。

2. 快递服务对电子商务效率的提高起着至关重要的作用

开展电子商务的基础条件主要是通信基础设施、网上支付的金融服务与快递配送服务。其中,电信业为电子商务提供低成本的通信服务;金融业为电子商务提供低成本的支付转账服务;而快递物流业则为电子商务提供低成本的实物转移服务,这三个基础条件缺一不可。商品交换的实物必须从一方转移到另一方,对于一般的交易主体来说这个实物转移只能以快递物流作为中介。所以,快递物流在电子商务中的重要性不言而喻。

随着互联网技术的发展和中国网民的增多,网上交易、网上购物等已成为人们的生活消费潮流,顺应这一趋势出现的电子商务网站,数不胜数,但是这些电子商务网站所需要面临的共同问题就是:如何实现从网上交易到实物递送的转换?消费者在网上购物以后,最关心的问题是什么?看似繁杂的问题,答案只有一个:优质的快递服务。优质的快递服务,是网购商品能够及时、稳妥、便捷地送到消费者手中的保障。

3. 快递配送质量将是决定电子商务可持续发展的主要因素

对快递企业来说,快递服务质量的高低将决定其服务客户的能力和水平;而对电子商务来说,高质量的快递物流配送对于缩短网上交易周期、提高运作效率将起到决定性作用。网上交易只需轻轻点击鼠标,剩下的将由快递配送来完成。因此,快递配送质量将是决定电子商务可持续发展的主要因素,而这也是消费者最为关注的问题。在电子商务条件下,快递配送的运作是以信息为中心的,信息不仅决定了实物的运动方向,也决定着实物的运送方式。快递企业通过标准化的操作流程、多元化的快递服务产品、健全的网络配送体系、稳定的服务时效、良好的服务态度等要素，服务于电子商务的物流配送环节，可以有效地缩短电子商务的交易周期，提高运作效率。

4. 增值服务将是推进电子商务发展的动力

代收货款等增值服务，既是我国快递行业新的利润增长点，也是推进电子商务发展的动力。近年来，为顺应电子商务发展需要，我国快递企业加快推进网络建设，加强与电子商务运营商的信息对接，提供了包括仓储、理货、代收货款、收件人付费、代客户报关等多种增值服务，快件追踪查询能力不断提高，企业服务质量稳步提升。同时，电子商务运营商充分发挥信息技术优势，在合作中起到了积极引领和推动作用。各方加强合作，增强互信，建立合作共赢的战略伙伴关系，对于推动我国电子商务与快递行业的协调发展、共同繁荣等，具有十分重要的意义。

【思考与练习】

1. 快递服务的概念与特点是什么？
2. 快递服务在国民经济与社会发展中的作用是什么？
3. 我国快递行业的发展现状与前景如何？
4. 简述物流的概念与发展。
5. 快递与物流的区别与联系是什么？
6. 简述电子商务的概念与分类。
7. 简述快递与电子商务的关系。

第二章　国内快递业务

【内容提要】

本章重点介绍了标准快递业务、限时快递业务、到付业务、代收货款业务等各种国内快递业务种类；介绍了国内快递业务的操作流程等基本知识。

第一节　国内快递业务种类

国内快递服务是指快件在同一个国家内的递送过程，即快递服务的整个过程都没有超出一个国家的国界。具体到我国，这种快递业务形式是指从收寄到投递的全过程均发生在中华人民共和国境内的快递业务。

我国《快递服务》(YZ/T 0128—2007)标准根据快递服务的服务区域和相应时限将快递服务划分为同城快递服务、国内异地快递服务。根据国内快递业务性质，划分为限时快递业务、到付业务、代收货款业务等，下面从业务性质的角度详细讨论国内快递业务相关内容。

一、标准快递业务

这种业务是许多快递企业的基础业务。各快递企业根据自己的业务能力，提供门到门快递服务。该业务采用标准定价、标准操作流程，各环节均以最快速度进行发运、中转、派送，并对客户进行相应标准承诺。

(一)标准快递业务的特点

1. 全年无休服务

一般快递企业都是一年365天不分节假日，一如既往地提供服务。

2. 多项特色增值服务

在标准快递业务的基础上，各快递企业推出如：代收货款、保价、等通知派送、签回单、代付出/入仓费、限时派送、委托收件、MSG短信通知等多项增值服务。

3. 快速送达

各快递企业利用自己的多种运输网络，保障快件在各环节最快发运，在正常情况下可实现快件24~48小时送达。针对偏远的服务范围将相应增加工作日，具体时效各快递企业都有时间承诺。

4. 便捷服务

大的快递企业都设有呼叫中心，客户可以通过呼叫中心快速实现人工、自助式下单，快件查询等功能。

另外客户可以随时登陆各快递企业的网站享受网上自助下单和查询服务。

(二)标准快递业务注意事项

标准快递业务作为快递服务的基础业务，是其他业务的前提，因此，需要各快递企业业务员向客户宣传、解释，力求得到客户的配合，使快递真正体现在“快”字上。一般要求客户做到：

(1)发件方和收件方的姓名、地址、电话等必须准确无误地填写，收件方栏同时写上收件人的手机；

(2)在客户发件后，请客户联系收件人在预定时间内准备好接收送达的快件；

(3)为了使客户的快件不出现当天无法派送的情况，以致给客户带来不便，请客户按照各公司规定的区域范围及时间发送快件；

(4)快件送达时，请客户在第一时间签收(正楷字体)并在“收件人签名”栏注明客户签收的具体时间。

二、限时快递业务

限时快递业务，是快递企业经办的根据客户交寄快件的紧急程度，以保证快件在约定时间内送达收件人的快递服务。即，寄件人在收寄截止时间前交寄的快件，保证在规定时间内投交给收件人。

(一)限时快递业务的特点

由于条件所限，限时快递业务往往只在我国部分地区和部分省(区、市)范围内开办，主要用于报关文件、签证资料、各种票据及小件物品的紧急递送。限时快递在达不到承诺的时限要求时，快递企业将按服务协定向客户做出相应的赔偿。

限时快递业务有以下三个特点：

1. 以客户需求为中心，突出时效性

限时服务以客户需求为中心，不仅要求货物安全到达还要求货物必须在客户要求的时间到达。这是快递企业与客户相关平衡后确定的一个契约，是快递企业根据客户需求自愿制订的相关条款(包括相关的违约处罚)。

2. 承诺书面化、具体化，强调客户满意度

如果推行限时服务，在客户提出了到货时间和相关服务的要求后，快递企业应该根据自身的承运能力确定是否承运；在承运后如不能达到客户要求，就要按一定比例给予赔偿。通过书面形式明确承诺和具体违约理赔(明确的违约金)。真正体现对企业自身严格要求、对顾客认真负责的态度。

3. 服务差异化，不同产品不同服务

限时服务要求按运输时限、运输方式、服务方式细分成不同产品、服务类别，为客户提供差异化的服务，由客户自行选择，真正做到“以客为尊”。

(二)限时快递业务的目标客户群

限时快递业务的定价策略为高端定价。即快递企业采取高服务质量、高价位的定价策略，满足高端客户对特定寄递服务时限的需要。

限时快递业务的客户群主要包括：外贸企业、机械配件供货商、皮革商、服装商、药品配送商等。

客户使用限时快递业务寄递的物品一般具有多批次、小批量、价值较高的特点。其主要包括：

(1)寄件人与收件人有合同约束的限期交货的产品；

(2)需进外贸仓库的进出口产品;

(3)样品、合同样本;

(4)紧急物资,紧急补货;

(5)贵重物品;

(6)鲜活类产品等。

(三)限时快递业务操作注意事项

限时快递业务作为一项个性化的服务,需要有专项的操作流程。只有在收寄、分拣封发、运输、投递各个环节都做到快捷高效,才能确保按时送达的要求。

[例2-1]

某快递企业开办国内快递“次晨达”业务

某快递企业在环渤海区域、长江三角洲、珠江三角洲的北京、上海、广州等13个城市间开办“限时专递——次晨达”业务,并正式向社会推出承诺服务“限时未达,原银奉还”。

“限时专递——次晨达”,即当日收寄的快件在次日10:00前(珠三角为11:00前)投交给收件人的限时业务。

1. 第一批开办城市:北京、天津(含塘沽,下同)、上海、南京、苏州、无锡、杭州、广州、深圳、东莞、珠海、中山、佛山共13个城市。除南京、杭州到天津、东莞、珠海、中山、佛山5城市为单向寄递外,其他城市均可双向互寄。

2. 收寄时间:周一至周五(周六、日,国家法定假期不办理)。

3. 收寄规格:跨区域“次晨达”业务收寄范围暂定为5千克以下的文件和物品类邮件。

4. 时限水平:当日收寄局确定的收寄截止时间前交寄的跨区域“次晨达”邮件于次日上午10:00前(珠三角为11:00前)投递收件人本人。

5. 投递范围:行政市区(所辖乡镇以及农村地区除外)。

三、到付业务

到付业务又称收件人付费业务,是指快递企业经办的寄件人交寄快件时不需交纳资费,而由收件人支付相关费用的一种国内特殊快递服务。到付业务是快递企业为大客户提供的一种特殊服务。

(一)到付业务的特点

快递企业一般仅办理收件人集中付费业务、第三方付费业务两种。

收件人集中付费业务,是快递企业为特定的大客户提供的分散交寄快件、集中纳费的一种特殊服务。

第三方付费业务,是为分批交寄、第三方集中纳费的大客户提供的一种特殊服务,即寄递的快件的邮费由寄件人、收件人之外的第三方集中交纳。

在我国,许多大的公司、厂商都在不同城市设有分公司、销售点和维修点等。由于它们的客户比较分散,其产品的保修、返修、零配件供应等,都需要通过使用快递服务来保障。这些大的公司、厂商,通常采取由它们支付邮递费用的方式,来保障其产品的保修、返修、零配件供应等售后服务。为满足这部分客户分散交寄、集中付费的特殊需要,许多快递企业纷纷与全国性大公司、独资、合资企业签订合同,允许这些公司使用国内快递到付业务,方便它们使用快递服务。

使用到付业务的公司(签约公司)与快递企业(签约快递企业)签订使用到付业务的合同后,才可以使用快递企业提供的到付业务。交寄时,相关寄件人凭签约公司发放的"国内快递收件人付费业务结算单"办理交寄手续,不需交纳快递资费,相关收寄快件的快递企业也不开具收据;由签约公司统一向签约快递企业交付快递资费;签约快递企业收取相关费用,并定期结算给相关收寄快件的快递企业。

到付业务具有以下特点:

(1)通常按国内快件资费标准计算资费,并在详情单上标注,不向寄件人收取资费,不开具收据;

(2)交寄国内到付快件时,寄件人必须提供一式三联"国内收件人付费业务结算单"(由签约公司负责发放至其指定客户,带防伪标志);

(3)收寄快件的快递企业(收寄网点)按月填写"结算单交接表",并按月寄送至签约快递企业指定的收付人付费业务结算中心(结算网点);结算网点按月向签约公司结收相关费用,然后定期结算给相关收寄快件的快递企业(收寄网点)。

(二)到付业务操作注意事项

到付业务的具体操作流程与快递业务的一般操作流程大致相同。但应注意以下几点:

(1)凡使用到付业务的用户,均应向当地快递企业业务主管部门提出申请,办理登记手续,经快递企业业务主管部门批准后,核发登记证号;

(2)"到付业务"快件根据投递量的多少,应当预付适当比例的资费作为保证金,快递企业在投递时将统计件数和相关服务费,事后采取多退少补的方法结算;

(3)快递企业的结算中心(结算网点)根据分户账的结算件数和协议的结算周期填发"到付业务结算单",通知收件人来快递企业结清全部快递服务费;

(4)签约公司应在收到结算单规定时间内结清快递服务费或对结算单提出异议。如用户未在规定时间内结清资费的,相关部门应进行催缴。

四、代收货款业务

代收货款业务,是快递企业综合利用现有条件和优势,为适应市场需要而推出的一项新的快递延伸服务项目,是快递企业为各类邮购公司、电子商务公司、电视直销商、商贸企业、金融机构等单位提供的快速传递实物、代收货款或其他款项(以下统称代收货款)并代为统一结算的一种特殊服务。

(一)代收货款业务的特点

只有在使用代收货款业务的供货商(签约公司)与快递企业(签约快递企业)签订使用代收货款业务的合同后,才可以使用快递企业提供的代收货款业务。根据合同规定,签约公司将客户定购的商品、货物交付快递企业寄递,在快递企业人员上门投递的同时,代签约公司向客户收取货款,签约快递企业在合同约定时期内,将代收的货款定期结算给签约公司。

根据合同规定,签约公司对交给签约快递企业投递的商品和货物负全面责任,并应向客户承诺,商品和货物的质量若存在问题,保证无条件退换。签约快递企业保证商品和货物在传递过程中的完好,若商品和货物在传递过程中发生损坏签约快递企业要承担相应责任,并应当按照合同约定,按期将代收的货款结算给签约公司。

代收货款业务具有以下特点：

(1)投递代收货款快件,快递企业按件收取一定的投递代收服务费(未投出的快件一般不收取服务费),一般由快递企业在代收的货款中扣除。

(2)代收货款业务能帮助使用该项业务的商家快速拓展产品销售网络和渠道,最大限度地满足不同地区顾客的购物需求,尤其是对一些小规模的公司拓展销售渠道十分有利。

(3)代收货款业务可以降低消费者和商家的购销风险,激发消费者的购物热情,让消费者足不出户就可以购买到自己心仪的本地、异地(国内和国际)的商品。

(二)代收货款业务操作流程

代收货款业务由以下环节组成:寄件客户、寄件网点、快件中心、收件网点、收件客户,其操作流程如图 2-1 所示。

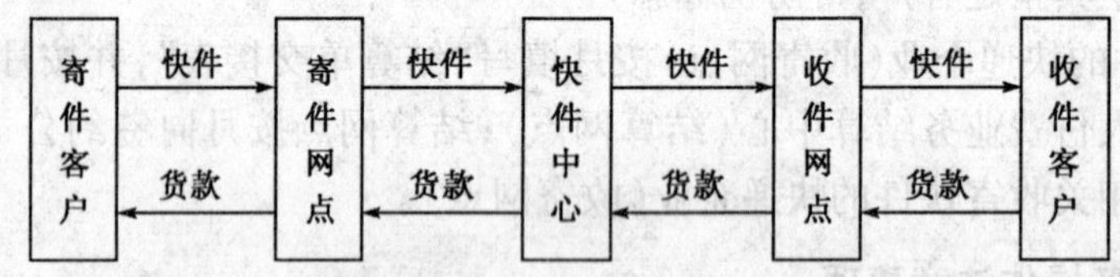

图 2-1　代收货款业务操作流程图

1. 寄件网点的操作

(1)寄件网点在录入运单时,如有代收货款的运单必须录入取件业务员、寄件客户名称并准确录入代收货款金额。这样在退款时可以按业务员、寄件客户分类,以简便操作。

(2)快件分拣、封发,运往派件网点。

(3)寄件网点需要做寄件网点收款登记,确认已收到中心货款。

(4)寄件网点将收到的货款交给业务员。

(5)业务员将货款交给客户,将寄件客户留存的运单联交给文员,文员需在“代收款”中的“客户收到货款核销”中实行货款核销。

2. 派件网点的操作

(1)派件业务员在回网点交款时,派件网点文员要在系统中的“代收款”下的“派件收款登记”中对业务员的交款做收款登记。

(2)派件网点必须在每天规定时间前将前一天派件的货款收款登记做完,以便中心做预冲。

(3)派件网点将货款存入快递中心账户。

(4)派件网点对实收货款进行更改后需要寄件网点进行确认。

3. 快递中心操作流程

中心货款部主要工作是对货款的监控和督促检查。操作部分工作流程及方法如下：

(1)付款登记:将前一天晚上已经划给网点的货款做付款登记。使货款状态由“应付寄方”转为“已退寄方”。

(2)收款登记:根据实际转款情况,对前一天网点转到中心的货款进行收款登记。

(3)审核:对已返中心的货款实行审核,对可以返给寄件网点的货款进行确认。

(4)预冲:在每天固定时间,进行预冲确认,预冲后网点做的收款登记当天不再返给中心。

(5)清单打印:在预冲确认后中心可以打印“中心返寄件网点货款清单”。

(6)监控:监控是根据货款状态和时间对货款进行跟踪,根据寄件日期查到各种状态的数据，主要对“未登记”、“派方已收”两个状态进行监控。

4.代收货款业务货款流程

代收货款业务中的货款流程如图2-2所示。

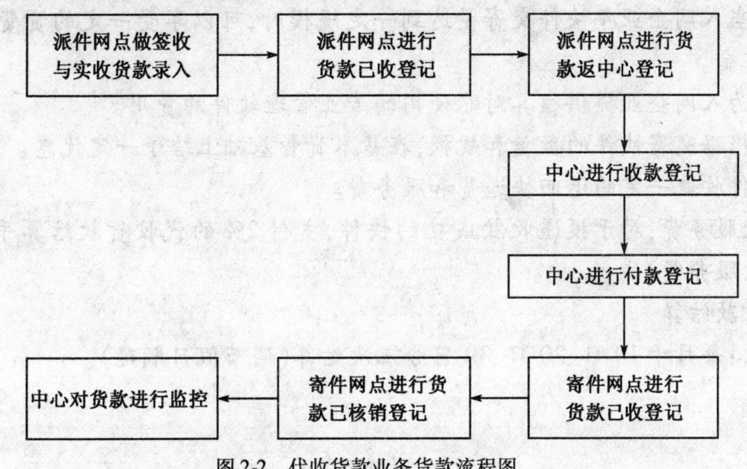

图2-2　代收货款业务货款流程图

(三)投递代收货款快件的特殊要求

(1)原则上收件人验视快件外观包装后付款，如果快递企业与供货商在签订的合同中约定，收件人可以先验货后付款的，依据合同规定处理。

(2)快件发出后，如收件人要求退回货款或退回快件，投递人员应请其与供货商协商解决，快递企业不负责退回收件人所交纳的货款。如收件人提出退回快件，应按正常快件收寄手续进行办理。

(3)投递人员按详情单标注的应收货款款额收款后，不向收件人出具收据，如收件人索要发票，可请其与供货商协商解决。

(4)代收的货款要指定专人负责，快递企业应当保证货款安全。

[例2-2]

某公司的快递代收货款业务

1.准入要求

(1)依法办理了正式工商注册登记，且注册资金不少于50万元人民币。

(2)依法经营、经销和寄递各类合格商品。

(3)拥有一定规模的货品仓库和相对固定的邮购宣传媒介。

(4)在邮购广告宣传中有明确的质量保证及售后服务承诺。

(5)有健全的邮购商品质量保证及售后服务体系。

(6)同意与本公司签署“委托办理代收货款协议书”标准文本及补充协议。

(7)同意交纳一定的入网服务管理费，第一年2万元，以后每自然年1万元。其中，第一年费用包括：免费提供一套代收货款业务计算机管理应用系统软件和统一的数据接口文本格式；免费上门安装调试一次并实现正常联通试运行和现场培训；免费提供远程系统运行维护和技术支持一年的服务费用。

(8)对于经营医疗药品、医用器械等商品的企业，以及经营其他特许经营产品的企业，应提供相关行业或上级主管部门颁发的具有经营医疗类产品资格的资质证书或其他特许经营的相关证明文件。

2. 相关费用

保证金：当入网企业年快件交寄量达到一定规模时，可以享受一定的资费优惠，因此须交纳一定的保证金。

入网费：为入网企业提供核算对账使用的专业管理软件的费用。

快递费：根据交寄快件的数量和规模，在基本资费基础上给予一定优惠。对于无法投递退回的快件，按件收取一定的退回快递费和服务费。

代收货款服务费：对于投递收款成功的快件，支付2%的代收货款结算手续费和每件10元的代收货款服务费。

3. 有关货款结算

结算频次：每月于10日、20日、30日分三次结算(遇节假日顺延)。

[例2-3]

某快递企业代收货款操作规定

为了使代收货款快速准确安全返回中心及客户手中，特制订本规定：

(1)网点业务员收取快件时，客户有代收货款服务的，必须在运单代收货款栏填写货款金额，大小写一致，随货附三联运单，如发现大写和小写不一致，应与寄件网点联系，确认或以大写为准，如填写错误不能修改应重填运单。

(2)寄件网点当班次输单时必须将货款金额录入电脑，不得漏输，漏输引起的后果由输单员承担。

(3)快件到达派件网点，仓管清点件数抄写派件清单，并注明代收货款金额，如发现问题，及时告知输单员在业务信息系统中说明，并电话通知寄件公司。

(4)派件业务员派件前必须看清运单代收货款栏，是否有货款，如有货款必须向客户收取，并开具快递企业专用收据给收件客户；如有代收货款却未收取、错收、丢失，均由派件网点承担。凡有故意涂改代收货款数额或将无代收货款的快件写成有代收货款的业务员，一经核实除按更改金额赔付外，并对其处以罚款。

(5)派件业务员派完件返回网点后，将当班次收回的代收货款交网点结算员。结算员根据派件签收单和派件清单与业务员结清货款。业务员如未交清货款应及时查明原因，不得拖延。同时应即时向经理反映，采取相应措施。如属问题件或未派送件应向结算员说明原因，在业务信息系统问题件登记栏中注明。

(6)网点结算员与派件业务员结清货款后，必须核对运单的货款金额与业务员所交金额是否一致，核对无误后，双方签字确认。

(7)网点输单员根据财务提供的确认清单与系统核对，操作程序如下：

①选择代收货款管理栏目。

②打开派件货款查询登记界面。

③调整日期，选择状态为未登记状态，点击查询。

④业务信息系统调出网点派件货款未返回清单，将光标移置运单编号栏。

⑤逐票录入业务信息系统确认货款金额后，货款状态自动变成派方已收状态。

⑥确认完毕后，选择批量修改栏目中的状态栏为派方已收，点击批量修改保存。

⑦如不做批量修改就选择保存将无法显示收款时间及收款人，且无法打印清单。

(8)网点每天下午16日前将当日应返回中心的货款金额上报中心货款部与中心当天退网点货款对冲，对冲后的差额如需网点返中心，应于晚上21点前通过网上银行划入中心指定的账户，中心返网点的货款于次日凌晨4:00之前划入该网点网上银行。如晚上21时前未划款入账，返回中心的货款清单不予输单，视同延迟返款处罚。

(9)当晚将应返回中心货款回单部的货款打印清单、交接单以及问题件、转退件、取消货款件的登记清单，一并交主线车驾驶员带回中心货款部；货款部将打印好的中心退网点的货款清单交主线车驾驶员代交网点。

(10)货款部收到派件网点返回中心货款清单后，核对清单金额与网点申报应返中心货款金额是否一致，如有差异，及时修正。

(11)派件网点自派件签收之时起，36小时之内必须将货款返回中心。凡在规定时间内未返中心，又未在电脑中说明原因或说明原因恢复派送未返的，延迟一天则罚该网点50元/票，延迟两天罚款100元/票，延迟三天罚款200元/票。(24小时为一天，即晚上0点至次日中午12点)

(12)已开展代收货款服务的网点，必须开通网上银行划账，以确保货款安全。同时要求各网点网上银行必须备有足额的预付金，保证每天晚上21时前将货款划账到中心账户。网点必须每天中午与中心货款部对冲，下午将应返回中心的货款金额存入银行，确保晚上21时前划款转账。

(13)如果当天晚上网点返款清单已到中心，但21时前未划款到账，视同延迟返款，处罚派件网点50元/次。

(14)寄件网点收到中心货款部返还的货款后，两个工作日必须返还给寄件客户，网点经理应每日督促检查业务员及时将货款返还客户。如超过两个工作日未返，视同延迟返款处罚寄件网点50元/票。

(15)凡有代收货款的快件，派送时如遇到客户更改金额、取消送货或先送货后付款等问题，先由派件网点通知寄件网点，收到寄件网点确认书传真后，派件网点方可派送，否则出现问题由派件网点承担责任。

(16)代收货款损失责任划分：①派件网点收取货款后未返中心和中心代收货款返到网点但未返到客户发生丢失，其责任全部由责任网点承担；②派件网点货款已返中心，中心未返至网点发生丢失由中心承担。有代收货款的快件发生丢失，经核实，客户未付的按丢件处理(5千克以内赔付300元/票，超过5千克加赔20元/千克)；客户已付款经查实属网点管理不善的，由责任网点全额赔偿。

(17)代收货款运作过程中有舞弊行为的，要从重从严处理。

第二节　国内快递业务流程与禁限寄规定

一、国内快递业务流程

所谓快递业务流程，是指在快件传递过程中逐渐形成的一种相对固定的运行与操作的顺序与环节。快递业务的服务质量，主要依靠规范高效的业务操作流程和全面完善的管理制度做保障。

不管哪种业务种类，其业务流程主体均相同，下面介绍国内快递业务的一般操作流程。

（一）国内快递业务一般操作流程

按照快递业务运行顺序，快递流程主要包括：快件收件、快件处理、快件运输和快件派送等主要环节，同时还有一些辅助性的环节，如查询、撤回处理、投诉处理、索赔等。目前国内快递业务一般操作流程如图 2-3 所示。

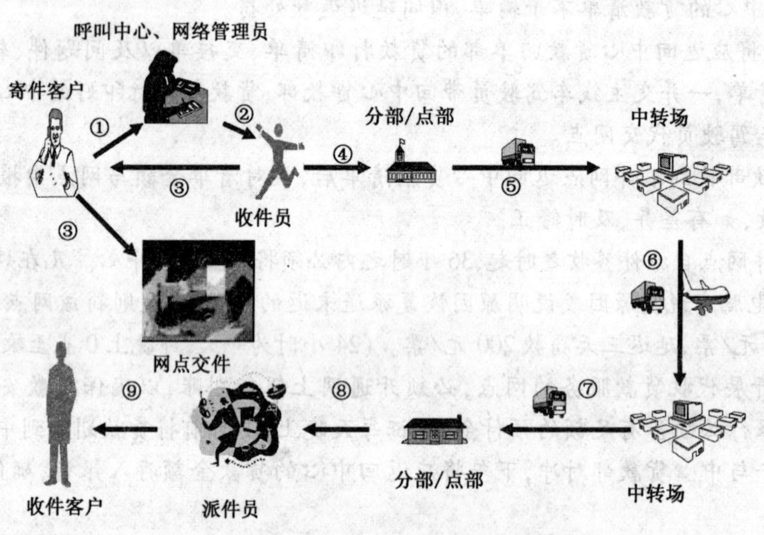

图 2-3 国内快递业务操作流程图

①接单：客户通过拨打快递企业客服热线电话或通过快递企业网站的"在线下单"系统提出寄件需求，接单员通过电话了解、记录寄件客户和快件的基本信息。

②下单：接单员确认信息无误后，通过公司下单系统将收件信息发送给相应的收件员，通知收件员上门收取快件。

③收件：收件员根据收到的下单信息，第一时间赶往客户处收取快件；有些快递企业有比较固定的收件网点，客户可选择自行到网点交寄快件。

④交件入仓：收件员收完当班快件后，将所收快件送回分部（点部），同仓管员交接快件、单据，仓管员对快件进行分拣，并根据中转班次进行发件操作。

⑤分拨：分部（点部）将快件运至中转场，根据快件的派送区域进行分拨操作。

⑥转运：根据分拨后的快件路由，选用最佳的运输方式，将快件运送到目的地区域。

⑦分拨：快件到达目的地区域后，需根据快件的详细派送地址再次进行分拨，并将其运输至派件分部（点部）。

⑧快件出仓：派件分部（点部）仓管员根据快件派送地址，将快件分派给相应的派件员。

⑨派件：派件员领取快件并及时送达客户处。

（二）国内快递业务收件流程

快递业务收件是快递企业接收快件并收存寄件人填写的快递运单（用于记录快件原始收寄信息及服务约定的单据，又称快递详情单）的过程。快件收件的主要任务包括：收件准备、接收信息、现场操作、验视快件、指导客户填写运单和包装快件、计费称重、快件运回、交件交单等项工作。

快件收寄主要包括上门收件（或称上门揽收）和营业场所收寄（或称网点收寄）两种方式。

大多数快递企业主要采取上门收件的方式。

1. 收件准备

收件员在外出收件之前，必须做好充分的准备工作，以保证能够顺利、快速地收回快件。收件需要准备的内容主要分为以下几部分。

(1)操作设备：检查手机或手持终端，确保处于正常工作状态；

(2)操作工具：弹簧秤、终端或手机的备用电池、大头笔、圆珠笔、介刀、背包或挎包、腰包、腰带、终端挎包、雨具、绑带等；

(3)营运物料：各类运单、贴纸、包装材料等；

(4)单证：收据或发票、宣传单、价格表、工牌、驾驶证、行驶证等；

(5)交通工具：确保交通工具工作状况良好、清洁；

(6)仪容仪表：穿着整洁干净的工服，佩戴工牌；整理仪容、仪表，调整好心态和情绪；

(7)业务准备：参加公司各种活动、例会，掌握最新业务动态及相关操作通知、替(换)班安排。

2. 接收信息

收取快件前，应当先获取快件的相关信息，包括：寄件客户名称、地址、联系电话、联系人以及快件的重量、大小等。现在各家快递企业的收件信息一般都是通过手机短信或接收订单的形式来完成。收件员接收信息应按以下流程操作：

(1)接收到收件订单信息后认真阅读，获取客户订单信息；

(2)仔细核对订单信息内容，如寄件地址非本人负责区域或预约的收件时间不在本人负责收件时间段内，须立刻反馈到客服部；

(3)如寄件客户为自己所在公司已通告的黑名单客户，则不能收取，须立刻反馈到客户服务部报备；

(4)如信息正确，则安排好行车路线，在约定的时间内到客户处收件；

(5)留意订单流水号，如发现流水号不连续，须致电客服部查台；

(6)每个收件班次截单时应该查询一次，确保当班次所有收件订单信息都已收到。

3. 至客户处

收件员到达客户处这一过程，看似非常简单，但却能充分反映出收件员的素质和专业度，这对赢得客户的信任与口碑十分重要。到达客户处需按以下流程操作：

(1)根据订单信息的内容，合理安排收件的路线和顺序；

(2)收件途中应注意交通安全，避免发生意外，如发生车辆故障、塞车等特殊情况且对交接或时效产生影响的，须立刻向组长或主管报告；

(3)妥善放置交通工具、确保安全，且不得阻碍他人，不违章停放；

(4)妥善放置已收取的快件，小件入包，严禁将快件单独放在无人看管的地方；

(5)到达客户处，进门前整理好个人的仪容仪表；

(6)收件前需主动表明身份，并出示工牌，说明来访目的；

(7)如客户公司要求办理相关进出入登记手续，应主动配合并及时归还客户公司的相关证明，如：来访证、临时通行证等。

4. 现场操作

现场操作环节涉及快件验视、收取运费、运单填写、快件包装、快件信息上传等重要的操作细节，可以说现场操作是否标准规范，是快件能否安全、准确地递送到收件客户手中的决定因素之一。现场操作应该按照以下流程来进行。

(1)查验货物

快件要寄往的目的地可能不属于本企业服务范围以内,快件可能属于禁止或限制收寄的物品,客户提供的货物品名与数量可能与实际情况不符等,基于以上原因,必须对货物进行仔细的查验。

①查验服务范围:问清货件的详细派送地址,查阅并确认是否属于自己公司业务的服务范围;若收方地址超出企业服务区域(地理区域),但附近有企业服务网点,应询问客户是否愿意改为自取件,并向其详细介绍自取件操作流程;客户同意则继续下面的操作,不同意则应向客户礼貌地解释不能收寄的原因。

②查验货物:在征得客户同意的情况下小心地打开货物包装,检查货物是否完好、是否属于禁止或限制收寄的物品;若客户不同意查验或其提供的货物为禁止或限制收寄的物品,则应礼貌地将货件退回,并耐心地向客户解释原因。

③查验数量:仔细检查货件数量与客户提供的数据是否一致。

(2)包装检查

完整规范的包装,对保证货物在运输和装卸过程中的安全,防止货件的破损和遗失,起着至关重要的作用。检查快件包装,如包装未达到包装操作规范中的标准,须请求客户改进包装。改进后的快件符合包装操作规范,则正常收取。

若客户拒绝或无法改换包装,需向客户解释并致歉,表明无法收取,同时致电客服部备案;若客户坚持要进行寄递,需要求客户在备注栏内注明:“因本人提供的包装不合格,本人同意货物损坏后,无需赔偿”字样,并由客户本人签名。

(3)称量计费

对快件进行正确的称量和计费,既是对客户利益的尊重,也是对企业负责任的表现。称量计费一般按以下流程进行操作。

①称量:使用弹簧秤、卷尺测量快件的实际重量和轻泡重量,确定正确的计费重量并计算运费。

②计费:根据计费重量、运输方式计算/查阅运费价格,资费详细计算方法可参阅第五章。

(4)运单处理

运单承载着快件所有的收、派信息,运单填写是否准确、完整、规范,直接关系到快件能否及时、准确地派送到收件客户手中。

①检查客户填写的运单是否完整,若不完整收派员应指导客户补充相关内容(包括寄件和收件企业名称、联系人、地址及联系电话等)。

②与客户确认付费方式,若为第三方月结付款,则联系客服部核对第三方企业的月结资料(核实四要素:企业名称+明细分点部代码,月结账号,联系人,联系电话)。

③将需收派员填写的内容填写完整(寄方与收方代码、件数、重量、运费、工号、收件日期、时间、付款方式、月结账号、托寄物详细资料等)。

④与客户确认运单信息,确认无误后,须要求客户在“寄件人签署或盖章”栏内签名确认(不得代替或伪造客户签名),最后将运单的“寄件企业存根”联,交给客户留底。

(5)做件操作

①运单标注:用大头笔在随货运单的左上角标明目的地代码。

②粘贴运单:将随货运单平整地放入运单袋内,封装好后用透明胶纸将其粘贴在指定

位置。

③粘贴标签:根据货件的类别、属性、派送方式,选用相应的标签贴纸,按要求贴在快件指定位置。

④将运单完整单号写在运单下方的外包装处。

(6)终端扫描

使用条码扫描器在客户处对快件进行扫描并及时将相应的信息传送到企业的业务系统上,这样可极大地提高快件处理速度,同时对提升企业形象也有着积极的意义。基本操作流程如下。

①扫描准备:进入处理菜单,录入收件方电话号码和货物件数。

②扫描:对运单条码进行扫描。

③传数据:将扫描数据上传至企业业务信息系统。

(7)收款

规范、礼貌地收取快件运费,既维护了客户和企业双方的正当权益,同时也彰显了企业形象和个人素养。收款基本流程如下。

①运费报价:礼貌地向客户讲明运费价格。

②收取运费:礼貌地接过客户支付的现金或支票,当面清点、核对,确认无误后放入随身携带的钱包或口袋内。

③出具发票:若客户需要企业出具发票,则按运费价格撕下同等金额的定额发票给客户,或回分部开具同等金额的发票后及时交给客户。

(8)与客户道别

快件收取完毕,还要对企业的业务作必要的宣传,同时收集客户对企业服务的意见或建议,这样才能不断拓展企业的业务、提升企业的服务水平。

①宣传企业业务:主动向客户宣传企业的服务项目、服务优势以及企业最新开通的服务范围等业务情况。

②收集客户意见:主动询问客户对企业服务的意见和建议,并做好详细记录,将相关信息及时反馈给企业有关部门。

③与客户道别:礼貌地与客户道别,注意带齐所有的工具、物料和快件,并清理现场。

5. 快件运回

能否安全、准时地将快件运回企业,直接关系到快件是否能够成功地派送,如果快件在运输过程中发生破损甚至遗失,或者未能赶上接驳/中转时间而造成快件的延误,都将失去“快递”的意义,并造成客户的利益损失。

(1)根据当班次仓管员截止收件入仓时间和自己所处位置,确定返回分(点)部时间,确保快件可及时参加当班次中转。

(2)车辆运输途中确保关好车门,摩托车和单车运输要保证小件入包、大件捆绑牢固、易碎品妥善放置,确保快件在运输途中的安全。

(3)雨雪天气时披好雨具,确保本人和快件不被淋湿,并确保行车安全。

(4)在规定的时间内把快件安全运回分(点)部。

(5)如有二程接驳,须准时到达接驳点。

6. 交件交单

快件运回营业网点后,需对快件进行再次检查,与仓管员进行单货交接,同时将所收货款交给企业财务，基本流程如下：

(1)复查快件

对每一票快件重新进行认真仔细的复查，包括快件的内容、包装、重量、价格和运单填写等，保证交给仓管员的快件都是没有问题的快件。

(2)交单交件

将快件与“收件存根”联一起交给收件仓管员，确保单件一致；交接完毕，确认单件数量无误后，收派员在《收件交接表》上签名确认。

(3)交款

将所收货款在规定时间内及时上缴，同时开具需要补开的发票。

(三)国内快递业务派送流程

国内快件派送是指业务员按快件运单上注明的收件人信息，上门将快件递交收件人并获得签收信息的过程。

快件派送是快递业务操作流程的最后一个环节。具体工作包括：快件交接、选择派送线路、核实用户身份、确认付款方式、提醒客户签收、交付快件、整理录入投递信息和向财务上缴所收款项等。

快件派送工作不仅是保证快件能够快速、准确、安全送达收件人的重要一环，也是同客户建立和维护良好关系的重要机会。

派件操作流程如下。

1. 工作准备

(1)单证准备

准备好派件时所需的各种单证，具体包括：工牌、再派通知单、收据或发票、零钱、身份证、行车证件。

(2)交通工具准备

①确认交通工具的工作状况良好。

②确保交通工具的清洁，防止污染快件。

(3)设备准备

检查手机和条码扫描器，确保处于正常工作状态。

(4)个人仪容仪表准备

①穿着整洁干净的工服，佩戴工牌。

②整理好自己的仪容仪表，调整好自己的心态和情绪。

(5)业务准备

①阅读营业网点内的宣传栏，掌握企业最新的业务动态及相关操作细则。

②清楚与自己相关的替(换)班工作安排(由指定调度人员安排)并做好相应的准备。

2. 快件交接与出仓

(1)仓管员将快件逐一清点交接给收派员(点数交接)。

(2)收派员清点快件数量并核对是否有外包装破损、分错件、地址错误、超范围、重量明显有误、付款方式不明确等异常快件。

(3)清点无误后，收派员在《派件交接表》上签名确认。

3. 安排派送线路

(1)收派员根据所接收快件的派送地址，结合所辖服务区域，合理安排派送线路。

(2)根据派送线路,将快件按顺序进行整理装车。

4. 送达客户

(1)收件地址为非正规办公场所(如宾馆、学校、私人住宅等),收派员在上门派件前需电话联系客户,确认客户地址并预约派送时间。

(2)妥善放置交通工具,确保交通工具的安全,且不得阻碍他人,不违章停放。

(3)妥善放置其他尚未派送的快件:

①小件入包:1 千克以内的快件必须放入包内(长度超过背包最大尺寸的 1 千克小件除外),3 千克(含 3 千克)以下体积较小的快件尽量放入包内,背包必须随身携带。

②严禁将快件单独放置在无人看管的地方。

(4)到达客户处,进门前整理好个人的仪容仪表。

(5)派件前需主动表明身份,并出示工牌,说明来访目的。

(6)如客户企业要求办理相关出入登记手续,应主动配合并及时归还客户企业的相关证明,如:来访证、临时通行证等。

5. 现场操作

(1)客户签收快件。

①收件客户本人签收,核实收件客户身份:

a. 提醒客户当面检查快件外包装(验收快件);

b. 验收无误后,请客户在运单的"收件人签收"栏内亲笔签名或者盖章,确保签名或盖章清晰可辨;

c. 对于客户签名无法辨认或辨认困难的,收派员需礼貌地向客户询问全名,并使用正楷字体填写在"收件人签收"栏下面,便于输单员进行签收人录入。

②非收件客户本人签收,必须查看代收人的有效证件,核实身份:

a. 确认代收人身份后,提醒代收人当面检查验收快件;

b. 验收无误后,请代收人在运单的"收件人签收"栏内亲笔签名或者盖章,确保签名或盖章清晰可辨,同时需在备注栏内注明"代收"字样;

c. 对于客户签名无法辨认或辨认困难的,收派员需礼貌地向客户询问全名,并使用正楷字体填写在"收件人签收"栏下面,便于输单员进行信息录入。

③客户拒绝签收快件(外包装破损、拒付、拒收等):

a. 及时上报客服部;

b. 向客户做好解释工作,收回快件;

c. 在条码扫描器上对快件进行滞留件操作处理,同时将快件带回分(点)部交仓管员保管。

(2)运费结算。

①到付现结:客户当场用现金结清运费。

②到付月结:经客户确定支付方式为月结时,由收派员填写相应完整的月结账号。

③转区内第三方月结付款:联系客服部核对第三方企业的月结资料(核实四要素:企业名称 + 明细分点部代码,月结账号,联系人,联系电话)。

(3)将快件交付快件客户。

(4)收派员在运单上填写工号、派件日期、派送时间、目的地代码等信息,将"派件企业存根"联带回企业,"收件企业存根"联交给客户。

(5)使用条码扫描器对运单进行派件扫描操作。

6. 交单交款

(1)收派员整理好运单"派件企业存根"联和滞留件。

(2)将运单"派件企业存根"联、滞留件一起交给仓管员。仓管员当面对运单和滞留件做相应的条码扫描器扫描并填写《派件交接表》,双方核对无误后,收派员在《派件交接表》上签字确认。

(3)有二程接驳的地区,在接驳点完成上述交接。

(4)将所收款项在规定的时间内上缴企业。

7. 无法投递快件的处理

快递企业应在投递前联系收件人,当出现快件无法投递情况时,采取以下措施。

(1)出现首次无法投递时,快递企业应主动联系收件人,通知再次投递的时间及联系方法。

(2)再次仍无法投递,可通知收件人采用自取的方式,并告知收件人自取的地点和工作时间;收件人仍需要快递企业投递的,应告知额外费用。

(3)若联系不到收件人,快递企业应在彻底延误时限到达之前联系寄件人,协商处理办法和费用。主要包括:

①寄件人放弃快件的,应在快递企业的放弃快件声明上签字,快递企业凭函处理快件;

②寄件人需要将快件退回的,应支付退回的费用。

(4)若联系不到收件人和寄件人,除不易保存的物品外,在对快件保存至少3个月后,快递企业可以按照相关规定处置快件。

(四)国内快件处理与快件运输

快件的信息处理、分拣、封发、运输、转运等环节属于快递企业的内部处理程序。快递企业应采取措施,禁止无关人员接触快件,禁止工作人员私拆、隐匿、毁弃快件,保证快件封装完好,确保快件在运输、转运、投递等处理过程中的安全。

1. 快件处理

快件处理,包括快件分拣、封发两个主要环节,是快递流程中贯通上、下环节的枢纽,在整个快件传递过程中发挥着十分重要的作用。

快件处理环节主要是按客户运单填写的地址和收寄信息,将不同流向的快件进行整理、集中,再分拣并打包发往目的地。

快件的分拣封发,是将快件由分散到集中、再由集中到分散的处理过程,它不仅包括组织快件的集中和分散,还涉及控制快件质量、设计快件传递频次、明确快件运输线路和经转关系等工作内容。

2. 快件运输

快件运输是指在统一组织、调度和指挥下,按照快件运输计划,综合利用各种运输工具,将快件迅速、安全、高效地运达目的地的过程。

快件运输主要包括航空运输、公路运输和铁路运输三种方式。这三种运输方式各具特点,经营方式、运输能力和速度也各不相同。快递企业可根据快件的时效与批量等实际要求,选择合适的运输方式来保证快速、准确地将快件送达客户。

（五）国内快递业务流程的辅助环节

1. 国内快递业务查询

（1）查询渠道

快递企业应向顾客提供电话或互联网等查询渠道。

（2）查询内容

查询内容应包括快件当前所处服务环节及所在位置的查询服务。对于国内异地、港澳、台湾、国际快递服务，快递企业宜提供全程跟踪的即时查询服务。

2. 国内快递业务撤回处理

（1）快件撤回条件

对以下快件，寄件人可以撤回：

①尚未首次投递的同城和国内异地快件；

②尚未出口验关的港澳和台湾快件；

③尚未出口验关的国际快件。

若不符合以上条件，快件不做撤回处理。

（2）撤回费用

寄件人在向快递企业提出撤回申请时，快递企业应告知寄件人需要承担撤回费用并告知费用标准。

3. 客户投诉与受理

（1）投诉渠道

快递企业应当提供客户投诉的渠道，主要包括网络、电话、信函等形式。

（2）投诉受理

①投诉信息。快递企业应记录如下信息：

a. 投诉人的姓名、地址和联系方式；

b. 投诉的理由、目的、要求；

c. 其他投诉细节。

快递企业在记录的过程中，应与投诉人核对信息，以保证信息的准确性。

②投诉处理时限。快递企业除了与投诉人有特殊约定外，投诉处理时限应不超过：

a. 同城和国内异地快件为 30 个日历天；

b. 港澳和台湾快件为 30 个日历天；

c. 国际快件为 60 个日历天。

4. 服务改进

根据顾客满意评价结果和投诉信息统计分析结果，快递企业应采取措施改进服务质量。措施应主要包括：

（1）树立持续进行服务改进的理念。

（2）规定内部人员的职责和权限，以识别服务改进的机会。

（3）确保改进过程的有效性和效率。

（4）管理者应对改进过程给予大力支持。

5. 服务承诺

（1）服务时限的承诺，包括组织提供的各类服务的服务时限。

(2)有关赔偿的承诺,包括索赔因素、赔偿原则以及受理索赔期限。

(3)投诉处理承诺,包括投诉受理程序以及投诉处理时限。

(4)附加服务的承诺。

6. 索赔

(1)索赔因素

索赔因素主要包括快件延误、丢失、损毁和内件不符。其中:

①快件延误是指快件的投递时间超出快递企业承诺的服务时限,但尚未超出彻底延误时限。

②快件丢失是指快递企业在彻底延误时限到达时仍未能投递快件,与顾客有特殊约定的情况除外。

③快件损毁是指快递企业寄递快件时,由于快件封装不完整等原因,致使快件失去部分价值或全部价值。与顾客有特殊约定的情况除外。

④内件不符是指内件的品名、数量和重量与快递运单不符。

有下列情形之一的,快递企业可不负赔偿责任:

①由于顾客的责任或者所寄物品本身的原因造成快件损失的;

②由于不可抗力的原因造成损失的(保价快件除外);

③顾客自交寄快件之日起满一年未查询又未提出赔偿要求的。

(2)索赔理赔程序

具体索赔理赔程序可参见本书第五章。

二、国内快递业务禁限寄规定

为维护国家利益、保障人民生命财产安全、保障寄递服务安全,我国对寄递物品实行禁止寄递和限制寄递的制度。为保障民用航空器的安全,国际航空运输协会(IATA)、国际民用航空组织(ICAO)及其他相关组织也对禁运或限运的物品做了规定。

(一)禁寄物品及处理办法

禁寄物品是指国家法律、法规禁止寄递的物品。国家邮政局于2007年11月6日发布了《禁寄物品指导目录及处理办法(试行)》(以下简称《办法》),对禁寄物品作出了明确规定,并要求各寄递服务企业按照“谁经营,谁负责”的原则,严格执行规定,严把收寄关,严格加强验视工作。

1. 禁寄物品种类

(1)各类武器、弹药。如枪支、子弹、炮弹、手榴弹、地雷、炸弹等。

(2)各类易爆炸性物品。如雷管、炸药、火药、鞭炮等。

(3)各类易燃烧性物品。包括液体、气体和固体。如汽油、煤油、桐油、酒精、生漆、柴油、气雾剂、气体打火机、瓦斯气瓶、磷、硫黄、火柴等。

(4)各类易腐蚀性物品。如火硫酸、盐酸、硝酸、有机溶剂、农药、双氧水、危险化学品等。

(5)各类放射性元素及容器。如铀、钴、镭、钚等。

(6)各类烈性毒药。如铊、氰化物、砒霜等。

(7)各类麻醉药物。如鸦片(包括罂粟壳、花、苞、叶)、吗啡、可卡因、海洛因、大麻、冰毒、麻黄素及其他制品等。

(8)各类生化制品和传染性物品。如炭疽、危险性病菌、医药用废弃物等。

(9)各种危害国家安全和社会政治稳定以及淫秽的出版物、宣传品、印刷品等。

(10)各种妨害公共卫生的物品。如尸骨、动物器官、肢体、未经硝制的兽皮、未经药制的兽骨等。

(11)国家法律、法规、行政规章明令禁止流通、寄递或进出境的物品。如国家秘密文件和资料、国家货币及伪造的货币和有价证券、仿真武器、管制刀具、珍贵文物、濒危野生动物及其制品等。

(12)包装不妥,可能危害人身安全、污染或者损毁其他寄递件、设备的物品等。

(13)其他禁止寄递的物品。

2. 禁寄物品的处理办法

(1)企业发现各类武器、弹药等物品,应立即通知公安部门处理,疏散人员,维护现场。同时通报国家安全机关。

(2)企业发现各类放射性物品、生化制品、麻醉药物、传染性物品和烈性毒药,应立即通知防化及公安部门并按应急预案处理。同时通报国家安全机关。

(3)企业发现各类易燃易爆等危险物品,收寄环节发现的,不予收寄;经转环节发现的,应停止转发;投递环节发现的,不予投递。对危险品要隔离存放。对其中易发生危害的危险品,应通知公安部门,同时通报国家安全机关,采取措施进行销毁。需要消除污染的,应报请卫生防疫部门处理。其他危险品,可通知寄件人限期领回。对内件中其他非危险品,应当整理重封,随附证明发寄或通知收件人到投递环节领取。

(4)企业发现各种危害国家安全和社会政治稳定以及淫秽的出版物、宣传品、印刷品,应及时通知公安、国家安全和新闻出版部门处理。

(5)企业发现妨害公共卫生的物品和容易腐烂的物品,应视情况通知寄件人限期领回,无法通知寄件人领回的可就地销毁。

(6)企业对包装不妥,可能危害人身安全、污染或损毁其他寄递物品和设备的,收寄环节发现的,应通知寄件人限期领回;经转或投递中发现的,应根据具体情况妥善处理。

(7)企业发现禁止进出境的物品,应移交海关处理。

(8)其他情形,可通知相关政府监管部门处理。

(二)限寄物品

1. 需要批准运输的限寄货物(表2-1)

需要批准运输的限寄货物 表2-1

货物种类	批准证书	核发部门
枪支、警械	准运证、携运证	公安局、体委
动植物及其制品	动植物检疫证书	动植物检疫站
烟草	烟草专卖品准运证	烟草专卖局
麻醉药品	麻醉品运输凭证	卫生部药政管理局
放射性物品	放射性剂量证明	卫生防疫站
酒	进口酒准运证、外运证	省酒类专卖管理局
音像制品(光碟)	音像制品运输传递证明	省社会文化管理委员会办公室
金矿产品	调拨证明	省黄金企业
木材	准运证	县级林业局

根据限量有关规定，在国内范围互相寄递的物品，如卷烟、雪茄烟每件以两条(400 支)为限，两种合寄时也限制在400 支以内。寄递烟丝、烟叶每次均各以 5 千克为限，两种合寄时不超过 10 千克。每人每次限寄一件，不准一次多件或多次交寄。

2. 其他限寄货物

(1)动物制品、象牙、含酒精类饮品(如啤酒、葡萄酒、白酒)、药品或制药材料、植物及其制品(棉花、种子、烟草、茶叶)、医学样品(诊断样品、血液、尿液、体液、生理组织样品)。

(2)古董(不易碎)、工艺品、礼品：要有质量鉴定和必要的包装，但不予承保。

(3)流通票据(给持票人带来直接经济效益的)：只适用于企业账户。要发件人签发许可证明。

(4)工业用金刚石。

(5)易腐烂物品。

(6)贵重花卉。

【思考与练习】

1. 请用图表示国内快递业务一般操作流程。
2. 国内快递业务收件包括哪些环节？
3. 国内快递业务派件包括哪些环节？
4. 请举例说明邮政速递企业的限时快递业务形式。
5. 什么叫到付业务？其一般操作流程是怎样的？
6. 什么叫代收货款业务？开展此种业务应怎样避免风险？
7. 请列举你所知道的国内快递业务形式。
8. 国内快递业务禁限寄规定有哪些？

第三章　国际及港、澳、台快递业务

【内容提要】

通过本章的学习，了解国际快递的概念、特点与分类；掌握国际快递业务的基本操作流程和操作中的注意事项；了解港、澳、台快递业务与国际快递业务的区别与联系。

国际快递业务是指寄件人和收件人分别在中华人民共和国和其他国家或地区的快递服务。由于港澳台快递业务的处理规则与国际快递业务类似，因此一般在业务处理中将港澳台快递业务参照国际快递业务对待。国际快递业务，可以满足我国与其他国家和地区之间快速寄递物品的需要，深受广大客户欢迎。随着我国经济贸易稳定发展，国际间的交流逐渐加强，我国国际快递业务的通达范围已经扩展至全世界200多个国家和地区。

第一节　国际快递业务概述

一、国际快递邮件的分类标准、业务分类及其特点

使用国际快递业务寄递物品的范围十分宽泛，在不违反我国和国际有关禁寄、限寄规定的条件下，适于快递的文件、货样、物品等都可以寄递。因此，从生产厂家到进出口商都在广泛采用国际快递业务。

（一）国际快递邮件的分类标准

不同的快递企业在对国际快递邮件进行分类的时候会根据自己服务组织的实际状况而有所不同，目前比较常见的国际快递邮件的分类标准有：

1. 一类国际快递邮件

这类国际快递邮件包括邀请函、通知书、账单、财务报表、贺卡、信件、明信片、汇款单、照片、磁带、磁盘、打字材料和打印材料等。

一类国际快递邮件的传递速度比二、三、四类国际快递邮件要快。有些材料必须作为一类国际快递邮件来寄，比如说封口不能检查的材料、某些手写或打字材料、私人信件、账单和对账表等。

信件和明信片以及其他300克或低于300克的单件信件都作为一类国际快递邮件收费；重量超过300克的一类邮件，收费多少则按照邮件的重量和所寄往的地区的距离而定。

2. 二类国际快递邮件

这类国际快递邮件是每年至少发行四次的报纸、杂志。按第二类国际快递邮件收费的邮件要有许可证（除出版商、寄件者可以邮寄完整的出版物单行本之外）。出版物应清楚地打上“第二类”标记。

3. 三类国际快递邮件

这类国际快递邮件包括通知、目录、传单、小册子、通知函及其他印刷材料。商品目录、工农业产品目录、照片、图表及印刷画等均可作为三类国际快递邮件寄出。三类国际快递邮件也被称为“广告邮件”。这类邮件的重量不得超过450克，如果超过450克，这些邮件可以归入第四类国际快递邮件即包裹邮件。这类邮件既可以是单件的、也可以是大批的，而且一般不封口，便于进行邮政检查。

4. 四类国际快递邮件

这类国际快递邮件主要包括国际包裹邮件，主要用于寄送重450克或超过450克的包裹。这类国际快递邮件可以是书、目录、手稿、磁带和录像带等。

包裹发送的目的地的详细地址不仅要写在标签上，而且要写在包裹上，以防标签脱落，给邮递工作带来麻烦。同时，为了防止包裹的包装破损以至无法投递，寄件人应该将收寄双方的地址、姓名同时写在包内和外面的包装上，写在包装上的寄件人地址应与包裹的到达地址分开，最好的方法是写在收件人姓名地址的左边，并与之成直角的位置上。

对丢失的包裹所付赔偿费的数目及损坏的包裹内物品的折价费不能超过该物品的市场价格，也不能超出赔偿费的适当限度，如果所要求支付的赔偿费超过一定限度则应该使用挂号邮件。

任何四类国际快递邮件都可以根据邮区按包裹价邮寄，一捆印刷品必须至少7.2千克，最多720千克。书、胶卷、考试材料、录像带、地图及其他一些材料可以按特殊四类国际快递邮件寄递。

(二)国际快递业务的分类

由于国际快递的营运成本极高，除了主要的国际交通工具——货运飞机外，覆盖全球范围的运营网络与分拨中心、先进的计算机网络及设备等，都形成了进入国际快递服务领域的技术和资金壁垒。能够从事国际快递业务的服务组织一旦走上规模化经营之路，就会形成相对的自然垄断，成为领先市场、利润丰厚的行业巨头。在快递业发展的初始阶段，有能力从事国际快递业务的快递企业并不多见。在我国，除了邮政EMS主要依靠万国邮政联盟各成员国的邮政渠道在经办国际快递业务外，相当一部分国际快递业务都是由设在我国境内的外资快递企业经营的。但是随着中国快递行业的不断发展壮大，经济实力不断增强，管理水平和技术水平不断提高，再加上国际快递业务需求的增大，我国快递企业越来越多地开始涉足国际快递业务领域，并且开始不断拓展国际快递业务。

为了便于客户使用国际快递业务，快递企业把自己经办的国际快递业务分成不同的种类，供客户选择。

1. 某国内大型快递企业对国际快递业务的分类

该企业将经办的国际快递业务分为：国际邮政特快专递，中国速递国际快件，国际特快专递收件人付费业务。

(1)国际邮政特快专递又称全球邮政特快专递，是各国(地区)邮政开办的一项特殊邮政业务。该业务在各国邮政、海关、航空等部门均享有优先处理权。它以高速度、高质量为客户传递国际紧急信函、文件资料、金融票据、商品货样等各类文件资料和物品。此外，该快递企业还提供代客包装、代客报关、代上保险等一系列综合延伸服务。目前，该快递企业经办的国际特快专递业务已与世界上200多个国家和地区建立了业务关系。

(2)中国速递国际快件，简称“中速快件”。中速快件是该快递企业与荷兰 TNT 邮政集团合作办理的一项国际快件业务。中速快件可通达200多个国家和地区，并在快件的重量和规格限制方面有较大的灵活性。中速快件业务自2000年1月1日开办以来，拓宽了该快递企业的国际特快专递业务的全球网络，已成为国内某大型快递企业国际快递业务的有力补充。

中速快件可分为“全球快递”、“经济快递”和“重件快递”等。

(3)国际特快专递收件人付费业务，简称“国际特快到付业务”。其特点是传递国际特快专递邮件所需的各种费用（如邮资、清关费等）由收件人支付，无需由寄件人承担，只是寄件人在交寄邮件时要填写一份“信用保证单”，承诺在遇有收件人拒收邮件或拒付费用等情况时，寄件人承担全部邮寄费用及所产生的一切相关费用。国际特快到付业务的收费标准与国际特快专递邮件的收费标准相同。目前，该快递企业办理至日本、韩国、德国、瑞典、中国台湾、中国香港等国家和地区的到付业务。

2. 某知名外资快递企业对国际快递业务的分类

(1)朝九特派：这种快递服务是专门为那些必须在早晨将货物运输到主要的商业地点的客户提供的。朝九特派服务可以主动向客户提供签收通知，并且有退款保证。

(2)十点半特派：这种快递服务是专门为那些必须在早晨将货物运输到主要商业地点的客户提供的。十点半特派服务可以主动向客户提供签收通知，并且有退款保证。

(3)正午特派：这种快递服务是为那些必须在中午之前将货物递送到的客户提供的。正午特派服务可以主动向客户发送签收通知，并且有超时退款承诺。

(4)环球快递：环球快递服务能够提供次日或者在第二个工作日的门到门的跨国快递服务。环球快递的服务内容包括：快递文件、快递包裹等。包裹快递服务特别递送如样品、零部件或者制成品，寄递的物品需要向海关申报。

(5)进口到付：该服务组织经办的国际当日快递及定时特派服务均可使用进口到付方式。通过因特网、短信跟踪或者电话等，客户在任何地方均可实现对货物的运输情况及递送细节进行“可视化”跟踪。

(三)国际快递业务的特点

国际快递业务相比国内快递业务具有如下特点：

(1)快件的寄件人和收件人不在同一个国家或地区，使国际快递业务处理流程及环节与国内快递业务不同。

(2)国际快递业务的操作更加复杂。国际快递业务包含了国内快递所必需的操作环节，且因为快递物品要跨国流转，所以快递企业还需要帮助客户办理进出口报关服务。

(3)国际快递业务实施的难度更大。要顺利完成国际快递业务，需要依赖快递企业庞大的全球性运输网络或者网络联盟才能够实现。

(4)国际快递的资费不仅受到不同国家快递资费标准不同的影响，而且还受到国际汇率变动的影响，结算过程更加不确定和复杂。

(5)国际快递对所寄物品的规定和限制，不但要遵守国内有关法律法规的规定，而且还受国际通用标准和收件人所在国有关法律法规的影响。

(6)国际快递业务的完成，往往需要至少两种以上的运输方式组合才能够完成，是多式联运的必然结果，货物运输过程中的监控和管理更加复杂和重要。

(7)国际快递因为物品流转程序复杂,快递企业往往还需为用户提供丰富的增值服务选择,如代客投保、代办通关、货物包装、上门收货、信息服务等。

二、国际快递业务的增值服务

快递企业在经营国际快递业务的同时,要给客户提供更加纵深化的增值服务,才能保持服务组织的竞争优势。随着中国经济的蓬勃发展,国际间的商务交流和合作变得越来越频繁,国际间商品和信息的流通速度也越来越快,客户不断对快递企业提出更多的服务需求。从事国际快递业务的快递企业只有紧跟客户需求,并不断为客户提供更多的增值服务,创造更大的顾客价值,才能吸引和留住客户。这样不但能够极大的方便用户,而且也能为本服务组织增加收入来源。

目前,快递企业面向全球用户提供的比较常见的增值服务有以下几种:

1. 特殊取件及派送服务

(1)正常工作时间之外的取件及递送服务。

(2)周末及节假日的服务。

(3)偏远地区的服务。

(4)超重或者超大物品专用运输车辆。

2. 信息服务

为了便于客户随时了解交寄物品的实时状态,可以向客户提供一系列的针对个别或者整体运输管理的信息服务,其主要内容如下:

(1)主动地通过电子邮件、SMS、传真或者电话的方式向客户发出交货通知。

(2)为客户监视运输情况提供的在线跟踪或者提前跟踪及报告工具。

(3)通关服务。

根据用户的委托,在国际快递业务中,快递企业可以为客户提供一系列灵活的进出口通关以及相关业务的代办服务。对于需要特殊的文件工作或者业务处理的贵重物品运输或者跨越几个洲的运输,这种服务方式将能够大大节约用户的时间和开支。

3. 危险物品运输

对于快递物品,快递企业要按照IATA(国际航空运输协会)条例进行一定种类的危险物品的运输服务。

在危险品运输方面,要严格遵守以下组织制订的规则:

(1)管制航空货运的国际航空运输协会(IATA),适用于所有遵守国际民间航空组织管制的国家和任何受IATA管制的航空服务组织。

(2)管制路货运的ADR,适用于在其法规中采纳了ADR条例的所有国家,以及欧洲国家中涉及危险品运输的欧盟指令(危险品安全指令)。

(3)管制海运的《国际海运危险货物运输规则》(IMDG)。

(4)管制铁路运输的《危险物品铁路运输国际协定》(RID)。

(5)对于没有采用以上运输规则的国家则适用其他国际性、地区性或本国规则。

发货人负责对危险品进行申报、包装并贴附标签。在特定条款内,快递企业可以接收危险品,但对不同的服务和产品会有不同的限制情况。

4. 付款/开发票服务

快递企业为运输费用、关税及其他相关税提供了灵活的发票及付款方式。这种灵活性可以使客户在为发货人、收货人或第三方开发票的时候有更多的自由。

5. 保险

快递企业在为客户提供的标准服务中,最重要的一项就是提供保护客户避免因外在的风险而受到经济损失的保险服务。

客户可以通过服务组织购买快件价值保险,以加强对快件门到门运输途中的保障。快件价值保险将对快件在运输途中由外在因素导致的物理损失和丢失进行赔偿,赔偿金额包括快件的重置或修理成本及运费。

快件价值保险的适用产品有:环球文件快递、环球包裹快递、珍宝箱和小珍宝、进口到付、定时特派、国内包裹快递、国内重货快递。

接受投保快件价值保险的特殊物品(需附带条件)有:酒精类饮品(例如:啤酒、葡萄酒、烈酒),动植物成品及植物(例如:动物皮革、棉花、种子、茶叶、烟草),古董或艺术品,收藏及不能替代的物品(即任何价值高于原来售价的物品或没有普遍供应的物品),药物,皮革、象牙、濒临灭绝的动物产品,工业用钻石/碳,医疗样本(例如:诊断用的样本、血液、尿液、体液、细胞组织),容易腐烂的物品(例如:鲜花、干冰、食品、需要温度控制或特别处理的物品或植物等),贵重金属及宝石(包括珠宝),手表、人造珠宝饰物。

不接受投保快件价值保险的物品有:动物(包括昆虫、蛹、蠕虫、鱼类、胚胎蛋、鸟类),金条,赝品或盗版印刷品,货币,流通票据,危险或易燃物品(依 IATA 条例),色情物品,货物所经国或地方政府法律列明之违禁品。

6. 包装

快递企业可以为客户提供下列三种包装形式:

(1)对符合服务组织标准的货物采用标准包装,包括包装纸、包装盒及文件袋。

(2)特殊包装,包括高级纸箱和纸盒,可以满足许多不同产品的运输要求。

(3)温控包装及诊断样品专用包装,专门为特殊运输要求而设计。

三、国际快递业务操作流程

(一)国际快递业务的基本操作流程

国际快递业务操作过程包括上门揽收(或者客户送货到快递企业业务受理点)托运,快递企业收货后按照快件去向的不同进行分拣处理,然后由快递企业将快件从收寄地向送达地转移;快递企业将货物从国内运往国外(或地区)的过程中代客户办理快件货物的出口报关、报验等手续,在货物抵达目的国代客户办理货物入关报验等手续。货物进口报关结束后,由快递企业安排将快递物品在第一时间送给客户。应该说,除了进出口业务办理方面与国内快递业务操作流程有显著不同外,相比国内快递业务,国际快递业务多了一个作业内容——国际快件通关,其他业务操作过程与程序和国内快递基本相同,国际快件通关的具体操作流程参见第四章,在这里不再赘述。

(二)国际快递业务流程的细分

在国际快递运营过程中执行统一的标准业务流程,可以有效地保证对客户的服务水平。除了整体的业务流程之外,标准业务流程的控制更多地体现在国际快递操作的每个环节上。采用 ISO 9000 服务指标体系对国际快递作业全过程进行规范管理,建立规范化和标准化的国际快递作业管理方法,保证国际快递作业的一致性。执行对国际快递过程进行全方位的管理和跟踪可以最大限度地保证快递企业的服务能力和服务质量。快递运营过程中的标准业务流程可以进一步细分为以下主要作业支持系统。

1. 仓库业务标准作业流程

快递企业应针对仓储业务制订详细的作业流程和办法，对涉及仓储业务的各个环节提出控制措施和方法，有效保证仓库商品的安全和完好。其涉及的主要内容应包括仓库硬件条件要求、仓库的布局和规划、仓库货物的装卸与堆码、在库商品的养护、仓库账目管理、仓库安全管理、收货管理、发货管理、盘点管理等。

2. 运输业务标准作业流程

快递企业应针对运输业务制订详细的作业流程及实施办法，有效地对运输业务中的各个环节进行控制，以保证运输过程中的货物安全、单证齐备、成本节约，确保货物的可控性和货物交接的准确性。其主要内容包括订单的接受和处理、车辆的调度与安排、提货装车的监管、车辆在途的跟踪与监控、货物的签收、单证的流转及返回等。

3. 客户管理系统与客户投诉处理标准流程

快递企业应明确规定对客户的认定、考评、管理、服务等制度，建立客户投诉处理系统标准程序，对客户的投诉进行最敏捷的反应。快递企业应对客户的投诉予以完整记录、及时反馈、及时处理、及时整改、对客户的所有投诉均在第一时间进行处理，并以最快的速度将处理结果反馈给客户。

4. 合同管理标准流程

针对服务组织合同的保密性制订管理办法，快递企业应对每一个员工接触合同信息的权限进行必要的限制，应与所有员工签署保密协议，以严格限制客户商业信息的外泄。同时，快递企业在与客户签订国际快递服务合同时附带相应保密条款，以保证客户商业信息外泄时的经济利益。

四、现代信息技术在国际快递业务中的应用

为了提高快递企业在处理国际快递业务时的工作效率和竞争力，提高国际快递业务的客户满意度，创造更大的价值，快递企业不仅要积极引进快递信息管理系统，还要把现代的信息技术广泛地应用到国际快递业务中，如条形码技术、计算机通关系统、全球卫星定位系统、快件控制信息系统、在线控制系统、服务组织内容管理系统、便捷发件系统、货物移动管理系统、数字协助递送系统、超级追捕者和全球操作控制中心系统等。事实证明，国际快递业务要加快引进科学信息技术的步伐，不断创新，这样才能提高快递企业的竞争力，推动国际快递业务的快速发展。

五、国际快递业务禁限寄规定

国际快递业务因为收寄和派送的位置分属两个不同的国家或者地区，所以不仅应满足收寄国对快递物品的禁限寄规定，还应满足国际上对跨境快递业务的通用禁限寄规定及有关派送国的禁限寄规定。对于国际快递来说，应满足如下禁限寄规定。

1. 禁运品

(1) 国家法律法规禁止流通或者寄递的物品。如军火、武器、金银、仿真式电击器和仿真式催泪器、麻醉药品、刀具、警具等。

(2)反动报刊、书籍、宣传品或者淫秽物品。

(3)爆炸性、易燃性、腐蚀性、放射性、毒性等各种危险物品。

(4)妨害公共卫生的物品(如尸骨、骨灰、动物器官、肢体或骨骼、未经硝制的兽皮等)。

(5)容易腐烂的物品。

(6)各种活的动物(包装能确保寄递和工作人员安全的蜜蜂、蚕、水蛭除外)。

(7)各种货币。

(8)不适合邮寄条件的物品。

(9)包装不妥,可能危害人身安全、污染或者损毁其他特快专递邮件、设备的物品。

2. 限制寄递的物品

(1)我国限制出境的物品:如金银等贵重金属及其制品、国家货币、外币及有价证券、一般文物等。

(2)我国限制进境的物品:如无线电收发信机、通信保密机、烟、酒、濒危的和珍贵的动物、植物(含标本)及其种子和繁殖材料及海关限制进境的其他物品。

3. 有条件运输品

(1)活体动植物(或动植物制品):需动植物检疫站颁发的动植物检疫证书。

(2)麻醉药品:需卫生部药政管理局发放的麻醉品运输凭证。

(3)音像制品:需省社会文化管理委员会办公室发放的音像制品运输传递证明。

(4)罐装液体、粉状物品:需出产厂家的物品性质证明。

(5)海鲜:不同地方需要不同的海鲜包装箱。譬如广州地区的南方航空服务组织和白云机场分别要用其指定的专用箱,单用泡沫箱不能装机,需外加纸箱并打包携带。

(6)玻璃必须订封闭木箱,打三角架。

4. 物品限制的体积、重量要求

(1)最小体积:长+宽+高大于等于40cm,最小边大于等于5cm(新闻稿件类货物除外)。

(2)解决方法:①加纤袋;②发快件。

(3)最大体积:依据舱门尺寸而定。

(4)重量:客机载运每件货物重量一般不超过80千克;货机载运每件一般不超过250千克。

另外,各类邮件禁寄、限寄的范围,除上述规定外,还应遵守《中华人民共和国海关对进出口邮递物品监管办法》和国家法令有关禁止和限制邮寄物品的规定,以及各国(地区)邮政禁止和限制邮寄的规定。

5. 对禁限寄物品的处理

(1)服务组织发现各类武器、弹药等物品,应立即通知公安部门处理,疏散人员,维护现场,同时通报国家安全机关。

(2)服务组织发现各类放射性物品、生化制品、麻醉药物、传染性物品和烈性毒药,应立即通知防化及公安部门按应急预案处理,同时通报国家安全机关。

(3)服务组织发现各类易燃易爆等危险物品,收寄环节发现的,不予收寄;中转环节发现的,应停止转发;投递环节发现的,不予投递。对危险品要隔离存放。对其中易发生危害的危险品,应通知公安部门,同时通报国家安全机关,采取措施进行销毁。需要消除污染的,应报请卫生防疫部门处理。其他危险品,可通知寄件人限期领回。对内件中其他非危险品,应当整理重封,随附证明发寄或通知收件人到投递环节领取。

(4)服务组织发现各种危害国家安全和社会政治稳定以及淫秽的出版物、宣传品、印刷品,应及时通知公安、国家安全和新闻出版部门处理。

(5)服务组织发现妨害公共卫生的物品和容易腐烂的物品,应视情况通知寄件人限期领回,无法通知寄件人领回的可就地销毁。

(6)服务组织对包装不妥,可能危害人身安全,污染或损毁其他寄递物品和设备的,收寄环节发现后,应通知寄件人限期领回;经转或投递中发现的,应根据具体情况妥善处理。

(7)服务组织发现禁止进出境的物品,应移交海关处理。

(8)其他情形,可通知相关政府监管部门处理。

六、国际快递物品包装注意事项

包装是影响运输质量的一个非常重要的因素,它可由托运人自身完成,也可委托专业包装服务组织进行。包装材料的选择要视货物品质而定,目的是使货物得到安全的保护和支撑。常用的有木箱、纸箱等。不同国家对木箱的要求不同,有些国家和地区要求熏蒸木箱。以下是国际快递物品包装的常见要求:

(1)钢琴、陶瓷、工艺品等重量大或价值高的物品用木箱包装。

(2)美国、加拿大、澳大利亚、新西兰等国,对未经过加工的原木或原木包装有严格的规定,必须在原出口国进行熏蒸,并出示承认的熏蒸证,进口国方可接受货物进口。否则,罚款或将货物退回原出口国。

(3)欧洲对松树类的木制包装要求,货物进口时必须有原出口国检疫局出示的没有虫害的证明。

(4)加工后的木制家具不用做熏蒸。

(5)日常生活常用类物品如书籍、各种用具等可用结实的纸箱自行包装,并最好做防潮处理。

(6)易碎类的物品最好用东西填充好,避免损坏。

(7)条件允许,在纸箱内铺垫一层防水用品(例如:塑料袋、布等)。

(8)在同一包装箱内,轻重物品要合理搭配放置,以便搬运。

(9)箱内最后要塞满填充物,要充实,可用卫生纸、纸巾、小衣物等填充,以防在搬运挪动过程中箱内物品互相翻动、碰撞而受到损坏。

[参考资料]

国际快递危险物品的分类

根据所具有的不同危险性,危险物品分为九类,其中有些类别又分为若干项。

第一类　爆炸品

1.1 项　具有整体爆炸危险性的物品或者物质;

1.2 项　具有抛射危险性而无整体爆炸危险性的物品或者物质;

1.3 项　具有起火危险性、较小的爆炸和(或)较小的抛射危险性而无整体爆炸危险的物品或者物质;

1.4 项　不存在显著危险性的物品和物质;

1.5 项　具有整体爆炸危险性而敏感度极低的物质；

1.6 项　无整体爆炸危险性且敏感度极低的物质。

第二类　气体

2.1 项　易燃气体；

2.2 项　非易燃、非毒性气体；

2.3 项　毒性气体。

第三类　易燃液体

第四类　易燃固体、自燃物质，遇水释放易燃气体的物质

4.1 项　易燃固体；

4.2 项　自燃物质；

4.3 项　遇水释放易燃气体的物质。

第五类　氧化剂和有机过氧化物

5.1 项　氧化剂；

5.2 项　有机过氧化物。

第六类　毒性(有毒的)物质和传染性物质

6.1 项　毒性物质；

6.2 项　传染性物质。

第七类　放射性物质

第八类　腐蚀品

第九类　杂项危险物品

第二节　国际限时快递业务

国际限时快递是指快递企业在承诺给客户的时间限制内或者客户指定的时间段，将客户交付的货物通过多式联运送达指定的国外收货人的过程。

一、国际限时快递业务的特点

国际限时快递要求快递企业协助客户代办货物通关手续，同时也要求客户交付的货物应当符合我国和经转国、寄达国对快递业务交寄物品的相关规定。

客户对快件送达的限时要求在网络正常规定的派送时效以内，应当对派送站点（人员）提出先行服务的要求。

客户提出快件送达的限时要求，超出网络正常派送时效的规定，是一种附加特殊需求，称之为加急件的要求。对加急件的服务，在一般服务收费基础上另加收限时服务费用。

国际限时快递业务具有非常强的时效性，对快递企业有非常严格的要求。如果快递企业不能在约定的时间将货物送达指定收货人，客户可以拒付快递费用。在快递企业从取件到送达的全程，客户发送的货品都将享受特殊待遇，最先得到处理，而客户不必再支付额外的服务费用。另外，限时快递还为客户提供自动递送确认服务。总之，国际限时快递业务作为一个个性化的客户服务，每个环节都要做到专业、快捷、高效，才能达到限时送达的要求。

二、国际限时快递业务流程

通常情况下,国际限时快递业务流程有如下九个步骤:

(1)寄件人与快递企业联系,确定和预约需要快递物品的种类和日期。

(2)快递企业根据寄件人要求做好上门揽收准备。

(3)寄件人对交寄物品进行整理,做物品清单、包装包裹(为满足快递作业要求,一般情况下由快递企业提供包装物料和进行包装)。如果寄件人亲自到速递业务受理点办理业务,则前两个步骤可以免除。

具体操作方法为:装箱打包时物品应摆放整齐,选用稍高硬度和外面尽可能无图案无文字的纸箱包装。易破碎物品要用泡沫塑料或海绵在纸箱内支撑衬垫;质量较重的大件货物还应选用木质材料做框架以避免物品在运输途中因包装不当发生损坏。有些国家对木质包装材料亦有严格规定,一般未经熏蒸的原木是不能用作包装材料出口的,经过熏蒸的原木材料还需提供有关单位的熏蒸证明原件方可随货物出口。

(4)由快递企业向寄件人索要收件方信息,包括收件人姓名、地址、电话等。寄件人所提供的收件方信息应准确无误,并尽可能提供收件人电话号码,以免造成派送延误和投递错误。部分状况下因收件方信息不全所引起的二次派送或无法派送而退还给寄件人所产生的一切费用由寄件方承担。

(5)寄件人与快递企业客服人员或者揽收工作人员就快件需寄达目的地国家和城市进行确认,并对快递企业的报价进行确认,寄件人同意后在快件交寄单上签字确认。

(6)快递企业收取寄件人包裹(快件),寄件人需提供收件方信息并详细填写包裹托运单据、提交物品清单以做申报海关之用,双方确认重量、结算。快递企业工作人员向寄件人提供结算票据和包裹追踪号码。

(7)寄件人包裹交由快递企业出口部门并作交接清单,由出口部门确认后开始操作入单,分拨出口,并进行全程跟踪。

(8)快递企业安排目的地国家、城市快件到岸报关,并做好快速通关工作。

(9)快递企业派送快件至收件人处,收件人确认包裹内物品完好并按照寄件人约定时限交付后,收件人方可签字接收。

收件人接到派件业务员所送达的货物时应在签字接收之前检查货物的完整性,一经发现货物有损坏、短缺,应立即在派件业务员的协助下联系派件服务组织,并由其出具所递送的货物的损坏或短缺证明,以便为日后索赔提供证据以维护自己的合法权益。如因收件人未经确认检查即签收的货物,在签收之后提出货物损坏或短缺索赔要求而无法提供快递企业证明的,快递企业有权拒绝受理赔偿。

[例3-1]

"卡哈拉"邮政 EMS

"卡哈拉"项目是一项国际邮政业务合作项目。中国、日本、韩国、美国、澳大利亚、中国香港6个国家和地区的邮政部门于2002年在美国夏威夷卡哈拉东方饭店召开了6个邮政部门出席的CEO高峰会议,会议决定组成"卡哈拉邮政合作组织"(简称:"卡哈拉"邮政),以更高的服务质量开展卡哈拉邮政合作组织成员之间的国际邮政业务合作。

合作范围：中国、澳大利亚、日本、韩国、美国、中国香港。

合作核心：通过提高质量改善服务推出共同的产品——承诺服务。

用户目标：公布全程时限，推出承诺服务，逾限退赔邮费，信息全程跟踪。

服务组织目标：集体合作行动，形成精品区域，推出承诺服务，提高竞争力。

卡哈拉邮政 EMS 把国际速递市场的产品分为 3 个层次，即卓越型产品、标准型产品和经济型产品。国际 EMS 特快专递邮件业务作为标准型服务产品，是指在亚洲范围内各主要城市间寄递的邮件达到隔日投递，跨洋范围内各主要城市间寄递的邮件 3～5 日投递。

在承诺服务方面，卡哈拉 EMS 邮件实行向用户公布邮件的全程处理时限，对未达到承诺时限标准的特快专递邮件，在用户提出索赔时全额退还收寄资费的承诺服务。

第三节　港、澳、台快递业务

港、澳快递业务是指寄件人和收件人分别在中华人民共和国内地和香港、澳门地区的快递服务。台湾快递业务是指寄件人和收件人分别在中华人民共和国内地和台湾地区的快递服务。

一、港、澳、台快递业务的特点

根据海峡两岸邮政特快专递业务有关规定，向台湾地区邮寄的快件应符合如下重量、尺寸要求：

重量：每件限重 30 千克；

尺寸：最大尺寸规格为长度不超过 150 厘米，长度及长度以外最大横周合计不超过 300 厘米。

1. 港、澳、台快递业务的特点

(1) 快件的寄件人和收件人在同一个国家，但是又分属不同的行政管理特别区域。

(2) 虽然快件的流通范围没有跨国流动，但是因为两岸三地行政管理的相对独立性，导致快件依旧需要办理进出口报关业务。

(3) 国际快递对所寄物品的规定和限制，不但要遵守祖国大陆有关的规定，而且还受港澳台地区相关地方法律、法规的影响。

2. 港、澳、台快递业务分类

(1) 按内件性质分类

特快专递邮件按内件性质分为三种，即信函、文件资料和物品。例如国内某大型快递企业发往港澳台地区的快件分为文件资料、物品。

(2) 按处理方法分类

按照快递邮件处理方法分为定时业务和特需业务两种。

快递物品的收寄、处理、发运和投递均按照事先与寄件人签订合同所约定的办法、时间进行处理的称为定时业务。

寄件人根据需要随时交寄特快专递邮件的称为特需业务，特需业务又称为散户业务，使用特需业务时，寄件人不需与快递服务单位签订合同。

(3) 港澳邮政公事特快专递

该类邮件属于免费特快专递邮件，应在邮政公事特快专递邮件封面上加盖"邮政公事"字样戳记。

二、港、澳、台快递业务禁限寄规定

1. 大陆禁止和限制寄往台湾的文件或物品

(1)物品的性质或其封装有伤害邮政服务人员或污损邮件或邮政设备嫌疑的。

(2)封口用金属纽扣等有锋利边缘，可能妨害邮件处理的物品。

(3)各类枪械、弹药、易爆炸性物品、易燃烧性物品、易腐蚀性物品、放射性元素及容器、烈性毒药、麻醉药物、生化制品和传染性物品。

(4)各种危害社会安全和稳定的以及淫秽的出版物、宣传品、印刷品等。

(5)各种妨害公共卫生的物品。

(6)对方禁止进入或流通的文件或物品。

(7)除上述的一般规定外，还应遵从海关部门的有关规定。

2. 台湾地区邮政规定禁止交寄的快件

(1)快件的性质或其封装有伤害快递业务员或污损邮件或邮政设备嫌疑的。

(2)封口用金属纽扣等有锋利边缘，可能妨害快件处理的物品。

(3)易燃、易爆裂或其他危险物品。但备案机构以特殊方法封装互寄的易坏生物学物料，经相关主管部门核发运输凭证的，不受此限制。

(4)活生动物。但蜜蜂、蚕、水蛭、由备案机构互寄的寄生虫或消除害虫的虫类不受此限制。

(5)放射性物品。

(6)鸦片、吗啡及其他麻醉物品。但经相关主管部门核发运输凭证或司法机关、司法警察机构备文证明，供诉讼证据用途的，并作保价或申报价值包裹互寄，或作保价包裹用于医药或科学研究，经寄达局准许的物品，不受此限制。

(7)猥亵妨害风化的文件或物品。但由司法机关或司法警察机关书面证明为诉讼证据用途的，做挂号信函或包裹互寄，不受此限制。

(8)寄达地禁止进入的文件或物品。

(9)台湾地区有关主管部门禁止发售及制造的文件或物品。但由司法机关或司法警察机关书面证明为诉讼证据用途的，做挂号信函或包裹互寄，不受此限制。

(10)彩票及与彩票有关的广告传单。但由司法机关或司法警察机关书面证明为诉讼证据用途的，做挂号信函或包裹互寄，不受此限制。

(11)其他法令规定的违禁品。

三、港、澳、台快递业务操作流程

通常情况下，港、澳、台快递业务操作流程如下：

(1)寄件人与快递企业联系，确定和预约需要快递物品的种类、目的地和日期。

(2)快递企业根据寄件人提供信息做好上门揽收准备。

(3)寄件人对交寄物品进行整理，做物品清单、包装包裹(为满足快递作业要求，一般情况下由快递企业提供包装物料和进行包装)。如果寄件人亲自到速递业务受理点办理业务，则前两个步骤可以免除。

(4)具体操作方法:装箱打包时物品应摆放整齐,选用稍高硬度和外面尽可能无图案无文字的纸箱包装。易破碎物品要用泡沫塑料或海绵在纸箱内支撑衬垫;质量较重的大件货物还应选用木质材料做框架以避免物品在运输途中因包装不当发生损坏。

(5)由快递企业向寄件人索要收件方信息,包括收件人姓名、地址、电话等。

(6)寄件人所提供的收件方信息应准确无误,并尽可能提供收件人电话号码,以免造成派送延误和投递错误。部分状况下因收件方信息不全所引起的二次派送或无法派送而退还给寄件人所产生的一切费用由寄件方承担。

(7)寄件人与快递企业客服人员或者揽收工作人员就快件需寄达港澳台地区的城市和街区进行确认,并对快递企业的报价进行确认,寄件人同意后在快件交寄单上签字确认。

(8)快递企业收取寄件人包裹(快件),寄件人需提供收件方信息并详细填写包裹托运单据、提交物品清单以做申报海关之用,双方确认重量、结算。快递企业工作人员向寄件人提供结算票据和包裹追踪号码。

(9)寄件人包裹交由快递企业出口部门并作交接清单,由出口部门确认后开始操作入单,分拨出口,并进行全程跟踪。

(10)快递企业安排目的地快件到岸报关,并做好快速通关工作。

(11)快递企业派送快件至收件人处,收件人确认包裹内物品完好并按照寄件人约定时限交付后,收件人方可签字接收。

收件人接到收派业务员所送达的货物时应在签字接收之前检查货物的完整性,一经发现货物有损坏、短缺,应立即在收派业务员的协助下联系快递企业,并由其出具所递送的货物的损坏或短缺证明,以便为日后索赔提供证据以维护自己的合法权益。如因收件人未经确认检查即签收的货物,在签收之后提出货物损坏或短缺索赔要求而无法提供快递企业证明的,快递企业有权拒绝受理赔偿。

第四节　其他国际快递业务

一、国际特快专递到付(COD)业务

国际特快专递到付(COD)业务是指寄件人交寄国际特快专递邮件时无需付费,而由收件人支付邮费的一种业务。国际特快专递到付业务有一定的风险,所以如果采用此业务,必须非常谨慎,对客户的信用要有所了解,事先要和客户协商好,以免客户拖延付款或不付款。

1. 开办国家和地区

当前国际特快专递到付业务可以通达很多国家。例如,目前国内某大型快递企业开办该项业务的国家和地区有德国、日本、韩国、瑞典、中国台湾和中国香港六个国家和地区。

2. 收寄要求

(1)使用国际特快专递邮件详情单,对交寄物品的要求和国际特快专递邮件相同。

(2)必须填写寄件人联系号码,并须验证寄件人有效身份证明文件。

(3)不收取资费,不开收据。

(4)需注明"收件人付费"中英文戳记。

(5)需填写国际收件人付费业务信用保证单。

二、国际送花礼仪业务

国际送花业务是为满足社会各界对国际礼仪服务的需求，拓宽对外礼仪渠道，向国内社会各界推出的一项国际礼仪业务。目前经办此项业务的有国内某大型快递企业。国内某大型快递企业国际速递鲜花礼仪业务已经通达146个国家和地区。产品分为国际标准鲜花和国际定制鲜花两种。鲜花礼仪收费执行全额收费标准，所收资费包括鲜花费用、受理服务费、投递费等综合服务费用。

三、机场到门快递服务

"机场到门"快递服务是为使用自由承运人贸易条款的进口商量身定做的。通常，进口商会选择FOB或FCA贸易条款，以获得接近成本的价格。而以上条款并不要求承运方负责到货后的门到门运输。以前进口商需要联系本地的货运代理商办理清关手续，安排取货送货，程序繁杂，费时费力。"机场到门"快递服务只需要卖方将货物送到快递企业指定的"机场到门"货件接收中心，快递企业即可根据进口商的贸易条款，提供从清关到送货上门等一条龙服务。

"机场到门"快递服务可以为客户提供以下便利：

(1)海关申报方便。因为需要为每一票快件办理清关手续，因此快递企业在这方面具有专业的知识和丰富的经验。快递企业往往在货物到达之前就会着手申报手续，使快递物品快速通过海关，让客户收到货物的时间大大缩短。

(2)一家快递企业、一张账单和一个账号。客户只需与一家快递企业交涉，就可以处理流程中所有的问题，大大节省客户的时间和精力。

(3)实时跟踪货物。无论客户本人和其货物身处何方，使用快递企业的在线跟踪系统和24小时客户服务热线，客户都能及时获知货物的最新信息。

(4)拥有客户服务专员帮助。客户可随时就货运的相关事宜电话联系快递企业。经过专业培训的客户服务专员会及时回答客户的问题。

(5)运价包含所有费用，无任何隐性费用。快递企业提供的简明价目表包括整个运输过程中的每千克单价、始发地操作、准备文件、国际航空托运、目的地机场操作、海关申报、目的地国家托运以及最后派送等，收费清晰。

[**参考资料**]

中国邮政国际包裹分类及业务介绍

国际包裹业务指国家与国家(地区)邮政之间互寄的物品类邮件业务。国际包裹业务都以双边协议方式办理。我国于1898年开始收寄国际包裹，1904年开始与外国签署互换包裹协定，1947年开办国际航空包裹业务。新中国成立后，我国国际包裹通达范围、数量都有很大的发展。

国际包裹业务的分类方法主要有以下三种：按照包裹性质、处理手续分为普通包裹、脆弱包裹、快递包裹、过大包裹、代收货价包裹等；按邮局所负赔偿责任，分为保价包裹和非保价包裹；按运输方式可分为水陆路包裹、航空包裹和空运水陆路包裹。不同国家、同一国家不同发展阶段进口和出口包裹的结构不同，一般说来，经济越发展，开办的国际包裹种类越多，范围越广，数量也越大。

1. 普通包裹业务

普通包裹业务是最早开办的国际包裹业务，是参加邮政包裹协定的会员国邮政都必须办理的基本业务。除禁限寄物品和超过规定限量寄递的物品外，都可按包裹寄递。包裹内不准夹寄信函，但可以附寄包裹内件清单、发票、货单以及收寄件人姓名地址签条。普通包裹业务在交寄时寄件人不需办理特殊手续，在邮局处理过程中也不享有优先性。普通包裹只能寄往通达此项业务的国家和地区。

2. 脆弱包裹业务

内装容易破损的物品需要小心处理的包裹，可按脆弱包裹寄递。此类包裹只限寄往同意接受脆弱包裹的国家和地区。邮寄脆弱包裹应加收相当于同一重量级别普通包裹资费50%的脆弱包裹附加费。

3. 保价包裹业务

保价包裹业务是指寄件人申报内件价值，在寄递过程中发生丢失、损毁时，邮局给予赔偿的包裹。此项业务仅限于在同意办理保价包裹业务的国家和地区间展开，凡适宜邮递的贵重物品均可按保价包裹交寄，并须在设有海关的邮局交寄。申报的保价金额由寄件人根据包裹的内件价值而定，但不准超过最高限额10 000元人民币(838提款权)，当寄达国制定的最高保价额低于这一限额时，以寄达国的限额为准，与我国有特别协议的，以特别协议规定的限额为准。寄件人申报的保价额不得超过包裹内件的实际价值，但可以只申报内件实际价值的一部分。

4. 包裹托运业务

包裹托运业务属于一种商业包裹业务，寄件人(一般为商贸服务组织)可一次寄发批量包裹给同一收件人或不同收件人，对这类包裹邮局可代为办理报关手续，一般是邮购服务组织使用这类业务向国外的客户寄发其购买的商品。目前这类业务采用签订双边协议方式办理，为利于业务发展，这项业务的资费比普通包裹资费低。运输方式及投递方式可按用户的要求办理。我国目前与美国开办此项业务，用户只要一次寄发五件以上的包裹均可使用这项业务。根据市场需求，今后还将与中国香港地区以及东南亚、欧洲一些国家陆续开办此项业务。

5. 空运水陆路包裹业务

利用国际航空邮路，以低于国际航空函件优先性发运的国际水陆路包裹。国际水陆路包裹是由万国邮政联盟、国际民航组织和国际航空运输协会分别进行的一项称为“最大限度地利用航空”的研究中产生的新业务。它是利用航空服务组织的剩余运力，以较低的运费率来运输国际水陆路包裹。空运的水陆路包裹，在原寄国和寄达国国内，仍按水陆路包裹处理。目前我国已与美国、澳大利亚及欧洲所有国家开办了此项业务。除上述业务外，我国邮政还办理存局候领包裹业务和附回执包裹业务，具体办法可参照存局候领函件业务和附回执函件业务。

【思考与练习】

1. 国际快递业务的特点有哪些?
2. 国际快递业务的一般操作流程是怎样的?
3. 国际快递业务禁限寄规定有哪些?
4. 港澳台快递业务与国内快递业务相比有哪些特点?

第四章　国际快件通关

【内容提要】

在国际快递业务中，进口清关与出口报关是非常重要的作业内容，要顺利地完成通关作业操作，必须要了解通关流程、检验检疫流程与相关单证知识，配合海关对快件的监管工作，掌握在报关与报检作业中的异常情况处理技巧。本章就以上各项重要作业模块进行了详细讲解，使读者能熟知国际快件通关相关知识。

第一节　国际快递出入境管理

一、海关基础知识

(一)海关的概念

海关是依法执行进出关境监督管理的国家行政机关，是对进出关境货物、运输工具、行李物品、货币、金银等执行监督管理和稽征关税的国家行政机构。海关是国家主权的象征，其作用体现在：

(1)海关是国家的监督管理机关。海关体现的是国家的权力意志，对外维护国家的主权和利益；对内体现国家、全社会的整体利益。

(2)海关监管的范围是进出关境活动。海关监管的对象包括进出关境的货物、货币、金银、证券、行李物品、邮递物品，以及与上述货物和物品有关的仓库场所和国内运输工具等。

(二)海关法

海关法是指规定对进出境活动实行监督管理制度，用以调整海关与进出关境活动当事人之间、海关与其他国家机关之间以及海关机构之间在监督管理活动中相互关系的法律规范。

1951 年 4 月 18 日，中央人民政府制定了新中国历史上第一部海关基本大法——《中华人民共和国暂行海关法》。经多次修订，1987 年 1 月 22 日，第六届全国人大常委会第十九次会议批准通过了《中华人民共和国海关法》(以下简称《海关法》)，该法于同年 7 月 1 日正式实施。

《海关法》共七章六十一条，主要包括四个方面的内容：

(1)规定了海关的性质、任务、权力、管理体制和海关监督管理的基本原则，以及对海关人员滥用权力行为的处罚。

(2)规定了进出境运输工具负责人、货物收发货人、物品所有人的权利、义务及其对违反海关法行为的处罚。

(3)规定了关税的征收、减免和退补。

(4)规定了纳税纠纷和不服海关行政处罚的申诉程序，以及处罚的执行程序。

(三)海关的任务与权力

1. 海关的任务

海关监督管理进出境活动的职能，具体体现在海关监管、海关征税、海关缉私和海关统计四大任务中。

(1)海关监管

海关监管是指海关运用国家赋予的权力,通过报关注册登记、审核单据、查验放行、后续管理、违章处理等环节,对进出境活动实施有效的监督管理。海关监管可分为两个部分:

①货物和运输工具的监管;

②行李、邮递物品的监管。

海关通过对进出境"物"的监管,来确认当事人进出境活动以及进出口企业经营活动是否符合法律规范和海关监管要求。

(2)海关征税

海关征税包括征收关税和其他税费。关税是由海关按照国家制定的关税政策、法律法规和进出口税则,对进出境的货物、物品所征收的一种流转税。征收关税是指对贸易性货物征收的进口关税、出口关税以及对非贸易性行邮物品征收的进口关税;征收其他税费则是指海关代国家税务总局征收的进口环节增值税、消费税以及代交通运输部征收的船舶吨税。

海关征税的基本依据是《中华人民共和国进出口关税条例》和《中华人民共和国海关进出口税则》。

(3)海关缉私

海关缉私是指海关依照法律赋予的权力,在各监管场所和设关地附近的沿海沿边规定地区内,为发现、制止、打击、综合治理走私而进行的一种管理活动。走私是指进出关境活动的当事人有意逃避海关监管的违反《海关法》的行为。走私以逃避监管、偷逃税费、牟取暴利为目的,严重扰乱经济秩序,损害国家利益。海关缉私的目的是制止和打击一切非法进出口货物、物品的行为,维护国家的主权和利益。

(4)海关统计

海关统计是指以数字形式反映实际进出口情况。列入我国海关统计监督的货物有两类,即实际出入境的对外贸易货物和直接影响我国物资储备增减的进出境物品。在海关统计中,以实际进出口货物作为调查和统计、分析的对象,通过搜集、整理、加工处理进出口货物报关单或经海关核准的其他申报单证,对进出口货物的品种、数(重)量、价格、国别(地区)、经营单位、境内目的地、境内货源地、贸易方式、运输方式、关别等项目分别进行统计和综合分析,全面、准确地反映对外贸易状况,及时提供统计信息和咨询,实施有效的统计监管,开展国际贸易统计的交流与合作,促进对外贸易的发展。

海关总署在国际通用的《商品名称及编码协调制度》基础上,编制了《中华人民共和国海关统计商品目录》,将税则与统计目录的归类编码统一,规范了进出口商品的命名和类别,使海关统计进一步向国际惯例靠拢。

2. 海关的权力

根据《海关法》及有关法律法规的规定,海关在执行职务过程中,可以行使以下权力:检查权、查阅权、查问权、查验权、复制权、询问权、查询权、封存权、扣留权、扣留移送权、连续追缉权、处罚权、佩带和使用武器权、强制执行权。

二、出入境检验检疫流程及相关单证

(一)出入境快件的概念

出入境快件是国际快递文件、物品或货物的简称,是指在特定的时间内,由特定的快递服务企业以“门对门”的方式承运出入境快递货物和物品，一般有重量、体积的限制。虽然通过国际快递方式出入境的货物费用比传统运输方式要高，但因为所需时间短、效率高，因此随着国际贸易的深度发展，出入境快件数量越来越多。

（二）出入境检验检疫的范围

适用于依法经营出入境快件的企业（以下简称快件运营人），在特定时间内以快速的商业运输方式承运的出入境货物和物品的出入境检验检疫。

（三）出入境检验检疫的权限

国家质量监督检验检疫总局（以下简称国家质检总局）统一管理全国出入境快件的检验检疫工作。

国家质检总局设在各地的出入境检验检疫机构（以下简称检验检疫机构）负责所辖地区出入境快件的检验检疫和监督管理工作。

（四）检验检疫依据

(1)《中华人民共和国进出口商品检验法》及其实施细则。

(2)《中华人民共和国进出境动植物检疫法》及其实施条例。

(3)《中华人民共和国国境卫生检疫法》及其实施细则。

(4)《中华人民共和国食品卫生法》。

(5)《出入境快件检验检疫管理办法》。

(6)《中华人民共和国禁止携带、邮寄进境的动物、动物产品和其他检疫物名录》。

(7)《中华人民共和国进境植物检疫禁止进境物名录》。

(8)《中华人民共和国进境植物检疫危险性病、虫、杂草名录》、《中华人民共和国进境植物检疫潜在危险性病、虫、杂草名录（试行）》。

(9)《中华人民共和国进境动物一、二类传染病、寄生虫病名录》。

(10)《中华人民共和国进境动植物检疫审批名录》。

（五）出入境检验检疫的工作程序

1. 入境快件的检验检疫

(1)申报

出入境快件运营人在运输工具及入境快件到达前或到达的同时通过互联网或人工等方式向检验检疫机构提供快件总运单。检疫人员利用计算机系统或人工的方式，审核总运单，审核完成后将相应指令（放行非应检快件，标明应施检快件）反馈给出入境快件运营人。入境快件的申报及卫生处理应在入境快件到达海关监管区前完成。

(2)报检程序

①报检受理范围：

a. 根据《中华人民共和国进出境动植物检疫法》及其实施条例和《中华人民共和国国境卫生检疫法》及其实施细则，以及有关国际条约、双边协议规定应当实施动植物检疫和卫生检疫的；

b. 列入《出入境检验检疫机构实施检验检疫的进出境商品目录》的；

c. 属于实施进口安全质量许可制度、国家施行民用商品出入境验证制度、出口质量许可制度以及卫生注册登记制度等行政许可制度管理的；

d. 其他有关法律法规规定应当实施检验检疫的。

②入境快件在到达海关监管区时，出入境快件运营人应及时办理报检手续。

③出入境快件运营人应按照有关规定将本企业运营的应施检快件凭报检单、分运单、发票、合同、装箱单等单证通过电子报检或人工报检的方式向检验检疫机构办理报检手续。

快件运营人通过企业内部网络系统扫描的发票、装箱单、包装材料声明等文件视为有效；但输出国（或地区）官方证书、许可证等文件须为正本。所有纸质单证不得使用热感传真纸。

④属于下列情形之一的，还应提供有关文件：

a. 属于动物、动物产品、植物种子、种苗及其他繁殖材料的，应提供相应的检疫审批许可证和检疫证明；

b. 因科研等特殊需要，属于禁止进境物的，应提供国家质检总局签发的特许审批证明；

c. 属于微生物、人体组织、生物制品、血液及其制品等特殊物品的，应提供有关部门的审批文件；

d. 属于实施进口安全质量许可制度、出口质量许可制度和卫生注册登记制度管理的，应提供有关证明；

e. 其他法律法规或者有关国际条约、双边协议有规定的，应提供相应的审批证明文件。

（3）检验检疫

各施检部门在接到入境快件检验检疫数据及报检单后，应及时派有关人员实施检验检疫。入境快件的检验检疫以现场检验检疫为主，特殊情况的可取样送实验室检验检疫。执行现场检验检疫的人员，在经海关查验后或于海关查验的同时，对入境快件进行查验。

（4）检验检疫结果评定及处理

入境快件只涉及现场检验检疫的，凭现场检验检疫结果，若未发现货证不符、疫情或所检指标超标，可以当场判定，并予以放行。入境快件送实验室检验检疫的，若所检项目符合相关要求，可以凭实验室检验检疫结果放行。现场检验检疫发现货证不符、带有疫情或所检指标超标的，以及实验室检验检疫不合格的，判定为不合格，不得放行。不合格的快件不得入境或投入正常生产、销售和使用。

（5）数据及相关单证归档

各施检部门在完成检验检疫后，应及时将相关数据和单证反馈回快件专管部门，由快件专管部门统一向检务部门归档。

2. 出境快件的检验检疫

（1）出境报检

出境快件应在其运输工具离境 24 小时前，由出入境快件运营人完成报检手续。如需核查货证，核查货证工作应在运输工具离境前完成。出入境快件运营人应按照有关规定将本企业运营的应施检快件凭报检单、分运单、发票、合同、装箱单等单证通过电子报检或人工报检的方式向检验检疫机构办理报检手续。

（2）检验检疫

各施检部门在接到出境快件检验检疫数据及报检单后，应及时派有关人员实施检验检疫。出境快件的检验检疫以现场检验检疫为主，特殊情况的可取样送实验室检验检疫。执行现场检验检疫的人员，在经海关查验后或于海关查验的同时，对出境快件进行查验。

（3）检验检疫结果评定及处理

经核查货证，货证相符的，加盖检验检疫放行专用章或出具《出境货物通关单》，予以放行；货证不符的，不得放行，须出具《出境货物不合格通知单》，并由施检部门与《出境货物换证凭单》签发地检验检疫机构取得联系。

(4)数据及相关单证归档

各施检部门在完成检验检疫后,应及时将相关数据和单证反馈回快件专管部门,由快件专管部门统一向检务部门归档。

3. 其他事项

(1)征稿的拟订和核签执行《报检规定》。

(2)出入境快件检验检疫计收费,遵照国家有关收费标准执行,一般情况下按照 CIQ2000 系统自动生成的收费标准进行计费。

(3)实验室检验检疫项目根据快件的商品类别确定。

(4)检验检疫机构对出入境快件需作进一步检验检疫处理的,可以予以封存,并与出入境快件运营人办理交接手续。封存期一般不得超过 45 天。

(5)对出境快件涉及安全、卫生、环保项目的,如食品、罐头、电器等,实行属地管理。

4. 出入境快件检验检疫流程图

(1)入境快件检验检疫工作流程图(图 4-1)

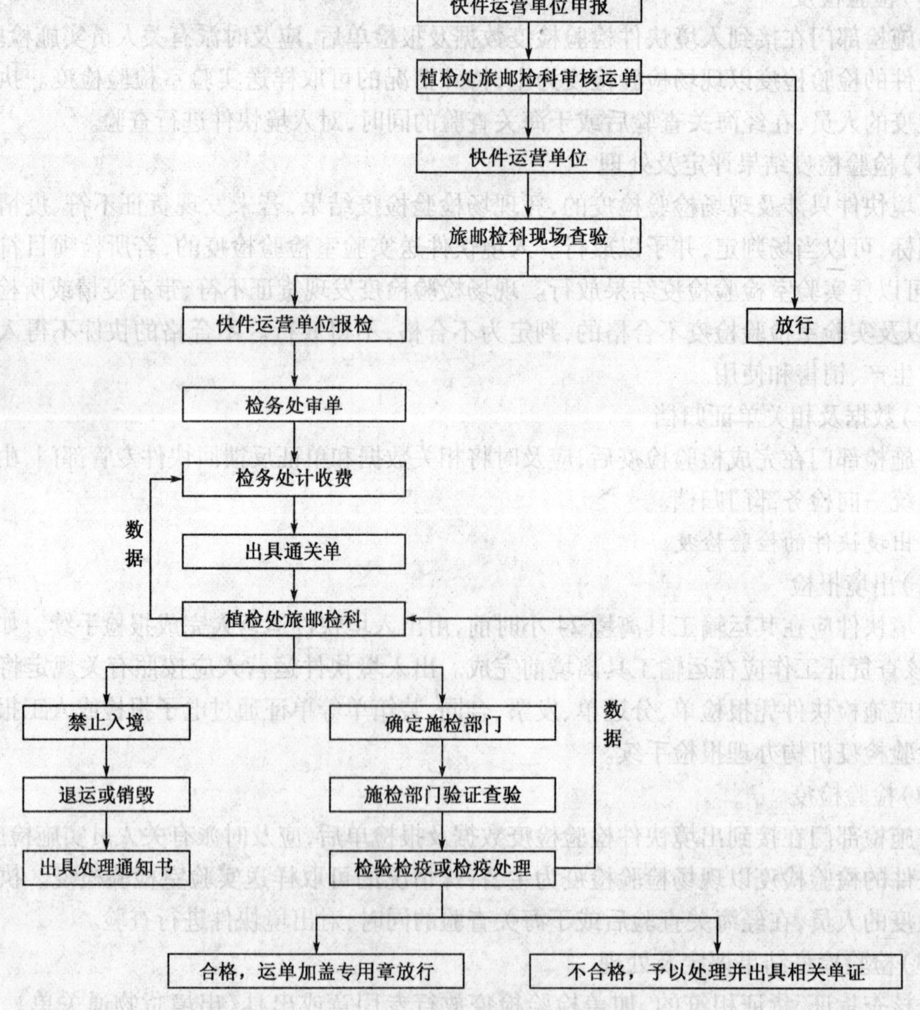

图 4-1　入境快件检验检疫工作流程图

(2)出境快件检验检疫工作流程图(图4-2)

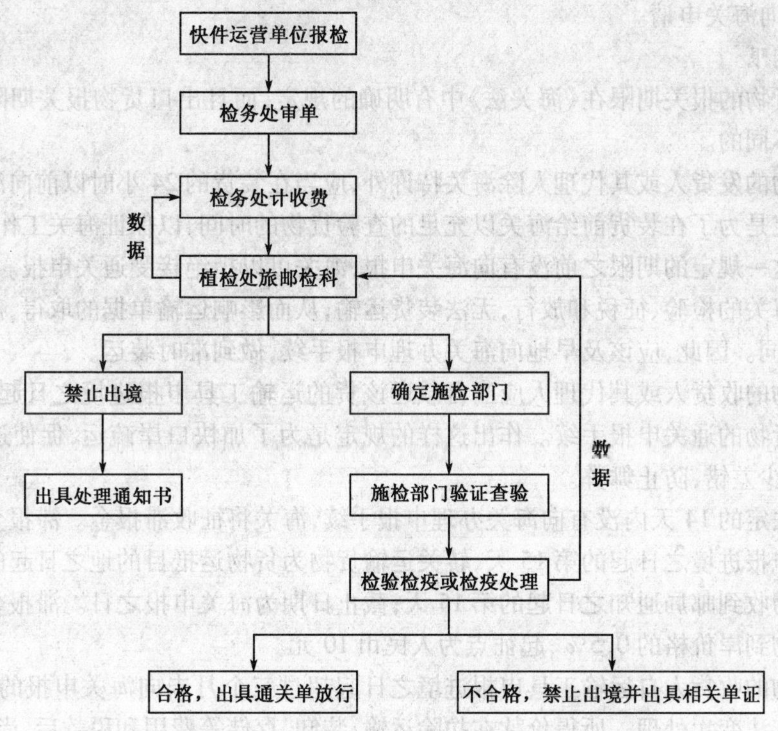

图4-2 出境快件检验检疫工作流程图

三、进出口报关业务流程及相关单证

(一)进出口报关概述

在进出口贸易的实际业务中,绝大多数是卖方负责出口货物报关,买方负责进口货物报关,即绝大多数的贸易公司只同自己国家的海关打交道。因此,下面仅给出我国的报关综述。

1. 报关单位

进出口货物报关管理的主要制度是报关注册登记制度。凡是在中华人民共和国进出境口岸办理进出口货物报关手续的企业必须向海关办理报关注册登记。

(1)办理报关注册登记的单位

可以向海关申请办理报关注册登记的单位有:经批准有进出口贸易经营权的企业;中外合资、合作经营企业及外商独资企业;经海关认可,直接办理进出口手续的经营对外加工、装配和中小型补偿贸易的企业;经海关认可的经常办理进出口货物手续的单位。

(2)办理代理报关注册登记的单位

具有法人资格的企业,可向海关申请办理代理报关注册登记,并同时向海关提交有关文件材料,包括:工商行政管理部门核发的营业执照;代理报关注册登记申请书;资信证明文件,如有足够的流动资产或银行存款、保证进出口货物税款能够及时缴纳的证明文件,或是向金融机构投保并向海关提交金融机构出具的经济担保书,或者通过公证机关以固定资产抵押形式保证缴纳的资信证明文件。申请经海关审核批准后,发给《报关注册登记证明书》。企业取得报关单位的资格后,即可由专职或兼职报关员办理货物进出关境的手续。

报关单位的资格随同原申请成为报关单位的企业的撤销而自动终止。如更改注册登记内容时，需重新向海关申请。

2. 报关期限

进出口货物的报关期限在《海关法》中有明确的规定，而且出口货物报关期限与进口货物报关期限是不同的。

出口货物的发货人或其代理人除海关特许外，应当在装货的24小时以前向海关申报。作出这样的规定是为了在装货前给海关以充足的查验货物的时间，以保证海关工作的正常进行。

如果在这一规定的期限之前没有向海关申报，海关可以拒绝接受通关申报。这样，出口货物就得不到海关的检验、征税和放行，无法装货运输，从而影响运输单据的取得，甚至导致延迟装运、违反合同。因此，应该及早地向海关办理申报手续，做到准时装运。

进口货物的收货人或其代理人应当自载运该货的运输工具申报进境之日起14天内向海关办理进口货物的通关申报手续。作出这样的规定是为了加快口岸疏运，促使进口货物早日投入使用，减少差错，防止舞弊。

如果在法定的14天内没有向海关办理申报手续，海关将征收滞报金。滞报金的起收日期为运输工具申报进境之日起的第15天，转关运输货物为货物运抵目的地之日起的第15天，邮运进口货物为收到邮局通知之日起的第15天；截止日期为海关申报之日。滞报金的每日征收率为进口货物到岸价格的0.5‰，起征点为人民币10元。

进口货物的收货人自运输工具申报进境之日起超过三个月未向海关申报的，其进口货物由海关提取依法变卖处理。所得价款在扣除运输、装卸、存储等费用和税款后，尚有余款的，自货物变卖之日起一年内经收货人申请，予以发还；逾期无人申请的，上缴国库。确属误卸或者溢卸的进境货物除外。

3. 报关程序

报关工作的全部程序分为申报、查验、放行三个阶段。

(1)进出口货物的申报

进出口货物的收、发货人或者其代理人，在货物进出口时，应在海关规定的期限内，按海关规定的格式填写进出口货物报关单，随附有关的货运、商业单据，同时提供批准货物进出口的证件，向海关申报。报关的主要单证有以下几种：

①进口货物报关单。一般填写一式两份(有的海关要求三份)。报关单填报项目要准确、齐全，字迹要清楚，不能用铅笔填写；报关单内各栏目，凡海关规定有统计代号的，以及税则号列及税率一项，由报关员用红笔填写；每份报关单限填报四项货物；如发现情况有误或其他情况需变更填报内容的，应主动、及时向海关递交更改单。

②出口货物报关单。一般填写一式两份(有的海关要求三份)。填单要求与进口货物报关单基本相同。如因填报有误或需变更填报内容而未主动、及时更改，导致出口报关后发生退关情况的，报关单位应在三天内向海关办理更正手续。

③随报关单交验的货运、商业单据。任何进出口货物通过海关，都必须在向海关递交已填好的报关单的同时，交验有关的货运和商业单据，接受海关各种单证是否一致的审核，并由海关审核后加盖印章，作为提取或发运货物的凭证。随报关单同时交验的货运和商业单据有：海运进口提货单；海运出口装货单(需报关单位盖章)；陆、空运运单；货物的发票(其份数比报关单少一份，需报关单位盖章)；货物的装箱单(其份数与发票相等，需报关单位盖章)等。需要说明的是，如海关认为必要，报关单位还应交验贸易合同、订货卡片、产地证明等。另外，按规

定享受减、免税或免验的货物，应在向海关申请并已办妥手续后，随报关单交验有关证明文件。

④进(出)口货物许可证。进出口货物许可证制度，是对进出口贸易进行管理的一种行政保护手段。我国与世界上大多数国家一样，也采用这一制度对进出口货物、物品实行全面管理。必须向海关交验进出口货物许可证的商品并不固定，而是由国家主管部门随时调整公布。凡按国家规定应申领进出口货物许可证的商品，报关时都必须交验由对外贸易管理部门签发的进出口货物许可证，并经海关查验合格无误后方能放行。但对外经济贸易合作部所属的进出口公司、经国务院批准经营进出口业务的各所属的工贸公司、各省(直辖市、自治区)所属的进出口公司，在批准的经营范围内进出口商品，视为以取得许可，免领进出口货物许可证，只凭报关单即可向海关申报；只有在经营进出口经营范围以外的商品时才需要交验许可证。

⑤检验检疫制证书。国家出入境检验检疫局与海关总署从2000年1月1日起实施新的检验检疫货物通关制度，通关模式为“先报检，后报关”，同时出入境检验检疫部门启用了新的印章、证书。

新的检验检疫制度对原卫检局、动植物局、商检局进行“三检合一”，全面推行“一次报检，一次取样，一次检验检疫，一次卫生除害处理，一次收费，一次发证放行”的工作规程和“一口对外”的国际通用的新检验检疫模式。而从2000年1月1日起，对实施进出口检疫的货物启用“入境货物通关单”和“出境货物通关单”，并在通关单上加盖检验检疫专用章，对列入《出入境检验检疫机构实施检验检疫的进出口商品目录》范围内的进出口货物(包括转关运输货物)，海关一律凭货物报关地出入境检验检疫局签发的“入境货物通关单”或“出境货物通关单”验放，取消原“卫检、动植检、商检”以放行单、证书及在报关单上加盖放行章通关的形式。同时，正式启用出入境检验检疫证书，原来以“三检”名义对外签发的证书自2000年4月1日起一律停止使用。

海关要求报关单位出具“入境货物通关单”或“出境货物通关单”，一方面是监督法定检验商品是否已经接受法定的商检机构检验；另一方面是取得进出口商品征税、免税、减税的依据。根据《中华人民共和国进出口商品检验法》以及《商检机构实施检验的进出口商品种类表》规定，凡列入《商检机构实施检验的进出口商品种类表》的法定检验的进出口商品，均应在报关前向商品检验机构报验。报关时，对进出口商品，海关凭商检机构签发的“入境货物通关单”或“出境货物通关单”在报关单上加盖的印章验收。

除上述单证外，对国家规定的其他进出口管制货物，报关单位也必须向海关提交由国家主管部门签发的特定的进出口货物批准单证，由海关查验合格无误后再予以放行。诸如药品检验，文物出口鉴定，金银及其制品的管理，珍贵稀有野生动物的管理，进出口射击运动、狩猎用枪支弹药和民用爆破物品的管理，进出口音像制品的管理等均属此列。

(2)进出口货物的查验

进出口货物，除海关总署特准查验的以外，都应接受海关查验。查验的目的是核对报关单证所报内容与实际到货是否相符，有无错报、漏报、瞒报、伪报等情况，审查货物的进出口是否合法。

海关查验货物，应在海关规定的时间和场所进行。如有特殊理由，事先报经海关同意，海关可以派人员在规定的时间和场所以外查询。申请人应提供往返交通工具和住宿，并支付费用。

海关查验货物时，要求货物的收、发货人或其代理人必须到场，并按海关的要求负责办理货物的搬移、拆装箱和查验货物的包装等工作。海关认为必要时，可以径行开验、复验或者提取货样,货物保管人应当到场作为见证人。

查验货物时,由于海关关员责任造成被查货物损坏的,海关应按规定赔偿当事人的直接经济损失。赔偿办法:由海关关员如实填写《中华人民共和国海关查验货物、物品损坏报告书》一式两份,查验关员和当事人双方签字,各留一份。双方共同商定货物的受损程度或修理费用(必要时,可凭公证机构出具的鉴定证明确定),以海关审定的完税价格为基数,确定赔偿金额。赔偿金额确定后,由海关填发《中华人民共和国海关损坏货物、物品赔偿通知》,当事人自收到通知单之日起,三个月内凭单向海关领取赔款或将银行账号通知海关划拨,逾期海关不再赔偿。赔款一律用人民币支付。

(3)进出口货物的放行

海关对进出口货物的报关,经过审核报关单据、查验实际货物,并依法办理了征收货物税费手续或减免税手续后,在有关单据上签盖放行章,货物的所有人或其代理人才能提取或装运货物。此时,海关对进出口货物的监管才算结束。

另外,进出口货物因各种原因需海关特殊处理的,可向海关申请担保放行。海关对担保的范围和方式均有明确的规定。

(二)报关申报业务详述

1. 自理报关

自理报关企业进行网上录入、申报、查询、打印报关单,以及网上查询海关回执等操作。

2. 委托报关

受理委托报关的单位有:

(1)专门从事报关服务的企业,即专业报关企业;

(2)从事对外贸易仓储、国际运输工具、国际运输工具服务及代理等业务,兼营报关服务业务的企业,即代理报关企业。

受理委托报关的单位代理办理的报关手续,包括:报关单录入时的备案数据下载协议、报关单审核委托书、报关单申报委托书或报关单审核申报和申报确认委托书。同时,由其向海关出具委托单位的报关委托书。

3. 转关运输提前录入、申报业务

报关单录入、申报子系统提供自理报关企业、专业报关企业、代理报关企业网上办理所需的转关运输提前录入、申报业务。但代理报关企业、专业报关企业应用该系统进行转关运输报关单、转关运输申报单的提前录入、申报时,必须事先通过该系统与委托方签订委托报关协议。

4. 报关单清单录入申报业务

报关单清单录入申报子系统服务于IT企业或其他需要报关单清单业务的企业,其主要功能包括:报关单清单录入、申报;报关单清单的综合查询;海关回执的查询等。

(三)报关时需要提供的单证

(1)报关单:报关单一式四联,第一、四联交海关,第二、三联分别为客户留存和报关公司留存联。

(2)报关委托书。

(3)入境货物通关单:如果是法检货物需提供此单证。

(4)海运提单(B/L)。

(5)发票。

(6)装箱单。

(7)合同:分外贸合同和内贸合同,若要求在税单上显示双抬头就必须提供内贸合同。

(8)港区提单(D/O)。

(四)快件报关简介

1. 快件报关

快件报关是指以快件公司名义向海关递交快件报关单(KJ1、KJ2、KJ3 类报关单等),以快件形式进行货物清关的通关方式。

2. 快件报关的特点

(1)手续简单

根据国家进出境快件监管办法等法规规定,为适应快件作为"快速商业运作方式承揽、承运的进出境货物、物品"的报关,相对于贸易报关,在监管条件以及通关(报关清关)手续上,快件报关采取了一系列旨在简化手续的特殊安排。所以,一般情况下,快件报关不需要提供报关单、通关单证、许可证(批文)。

(2)速度快

首先,由于上述的监管条件少,简化了手续,从而减少了前期准备单证、申请许可证(批文)的时间;其次,通关过程中的清关以及查验速度都较快;第三,快件海关监管中心晚上与周六都能正常工作。

(3)总成本低

根据国家进出境快件监管办法等法规规定,快件进出境可以享有一定的税费减免优惠,尤其是个人物品类。

除手续简单、速度快、总成本低等特点与一般贸易报关区别很大之外,其他区别还有:

(1)快件报关由于税费减免的原因,没有一般贸易报关中的《海关关税缴款书》和《海关代征增值税缴款书》,即没有税单和增值税票。

(2)根据国家进出境快件监管办法等法规规定,每票快件的数量、重量甚至尺寸,都有限制性要求。如果是大宗货物,比如 1 吨以上的货物,就必须分车分批分次报关。

[**参考资料**]

广州某快运公司报关相关单证及授权代办报关委托书样张

报关相关单证

序号	单证名称	份数	备注
1	邮件报关通知单	一份	邮件报关组寄给寄件人的单式
2	授权代办报关委托书	一式三联	海关指定单式,三联均需要签名/盖章
3	货物正式发票	一份	需要正本,有签名/盖章
4	装箱清单	一份	需要正本,有签名/盖章
5	合同	一份	需要正本,有签名/盖章
6	海关要求的其他文件和单证		如货物涉及各项特别监管,则必须提供相关监管证件,详见寄给客户的《邮件报关通知单》

注:授权代办报关委托书是海关指定单式,目前省公司暂无领用,各地市公司可到当地海关购买,或联系广州速递公司快件监管中心购买,购买价格是 10 元/100 份。

四、海关对国际邮件的监管

(一)海关对国际邮件的监管

目前,我国海关针对进出境的快件监管,主要依据的是《中华人民共和国对进出境快件监管办法》和《中华人民共和国海关对寄自或者寄往香港、澳门的个人邮递物品监管办法》。

海关对进出境快件的监管,主要目的是防止利用非贸易性渠道从事非法贸易和其他违法活动。

(二)相关法律法规

对进出口快件进行监管的,还有如下两方面的法律法规:

(1)《海关法》。

(2)出入境检验检疫的规定:包括《中华人民共和国进出境动植物检疫法》、《中华人民共和国国境卫生检疫法》、《中华人民共和国进出口商品检疫法》。

[**参考资料**]

《中华人民共和国海关对进出境快件监管办法》(节选)

《海关总署关于修改〈中华人民共和国海关对进出境快件监管办法〉的决定》于2006年3月8日经署务会审议通过,自2006年5月1日起施行。

第一章 总 则

第一条 为加强海关对进出境快件的监管,便利进出境快件通关,根据《中华人民共和国海关法》及其他有关法律、行政法规,制定本办法。

第二条 本办法所称进出境快件是指进出境快件运营人以向客户承诺的快速商业运作方式承揽、承运的进出境货物、物品。

第三条 本办法所称进出境快件运营人(以下简称运营人)是指在中华人民共和国境内依法注册,在海关登记备案的从事进出境快件运营业务的国际货物运输代理企业。

第四条 运营人不得承揽、承运《中华人民共和国禁止进出境物品表》所列物品,如有发现,不得擅作处理,应当立即通知海关并协助海关进行处理。

未经中华人民共和国邮政部门批准,运营人不得承揽、承运私人信件。

第五条 运营人不得以任何形式出租、出借、转让本企业的进出境快件报关权,不得代理非本企业承揽、承运的货物、物品的报关。

第六条 未经海关许可,未办结海关手续的进出境快件不得移出海关监管场所,不得进行装卸、开拆、重换包装、更换标记、提取、派送和发运等作业。

第二章 运营人登记

第七条 运营人申请办理进出境快件代理报关业务的,应当按照海关对国际货物运输代理企业的注册管理规定在所在地海关办理登记手续。

第八条 运营人在所在地海关办理登记手续应具备下列条件:

(一)内资国际货物运输代理企业及其分支机构已经获得国务院对外贸易主管部门或者

其委托的备案机构办理的《国际货运代理企业备案表》;外商投资国际货物运输代理企业已经获得国务院对外贸易主管部门颁发的《外商投资企业批准证书》,获准经营进出境快件业务;外商投资国际货物运输代理企业分公司已经获得国务院对外贸易主管部门的批准文件,获准经营进出境快件业务。

(二)已经领取工商行政管理部门颁发的《企业法人营业执照》,准予或者核定其经营进出境快件业务。

(三)已经在海关办理报关企业注册登记手续。

(四)具有境内、外进出境快件运输网络和2个以上境外分支机构或代理人。

(五)具有本企业专用进出境快件标识、运单,运输车辆符合海关监管要求并经海关核准备案。

(六)具备实行电子数据交换方式报关的条件。

(七)快件的外包装上应标有符合海关自动化检查要求的条形码。

(八)与境外合作者(包括境内企业法人在境外设立的分支机构)的合作运输合同或协议。

第九条　进出境快件运营人不再具备本《办法》第八条所列条件之一或者在一年内没有从事进出境快件运营业务的,海关注销该运营人从事进出境快件报关的资格。

第三章　进出境快件分类

第十条　本办法将进出境快件分为文件类、个人物品类和货物类三类。

第十一条　文件类进出境快件是指法律、法规规定予以免税且无商业价值的文件、单证、票据及资料。

第十二条　个人物品类进出境快件是指海关法规规定自用、合理数量范围内的进出境的旅客分离运输行李物品、亲友间相互馈赠物品和其他个人物品。

第十三条　货物类进出境快件是指第十一条、第十二条规定以外的快件。

第四章　进出境快件监管

第十四条　进出境快件通关应当在经海关批准的专门监管场所内进行,如因特殊情况需要在专门监管场所以外进行的,需事先征得所在地海关同意。

运营人应当在海关对进出境快件的专门监管场所内设有符合海关监管要求的专用场地、仓库和设备。

对进出境快件专门监管场所的管理办法,由海关总署另行制订。

第十五条　进出境快件通关应当在海关正常办公时间内进行,如需在海关正常办公时间以外进行的,需事先征得所在地海关同意。

第十六条　运营人应当按照海关的要求采用纸质文件方式或电子数据交换方式向海关办理进出境快件的报关手续。

第十七条　进境快件自运输工具申报进境之日起14日内,出境快件在运输工具离境3小时之前,应当向海关申报。

第十八条　运营人应向海关传输或递交进出境快件舱单或清单,海关确认无误后接受申报;运营人需提前报关的,应当提前将进出境快件运输和抵达情况书面通知海关,并向海关传输或递交舱单或清单,海关确认无误后接受预申报。

第十九条　海关查验进出境快件时,运营人应派员到场,并负责进出境快件的搬移、开拆和重封包装。

海关对进出境快件中的个人物品实施开拆查验时,运营人应通知进境快件的收件人或出境快件的发件人到场,收件人或发件人不能到场的,运营人应向海关提交其委托书,代理收/发件人的义务,并承担相应法律责任。

海关认为必要时,可对进出境快件予以径行开验、复验或者提取货样。

第二十条 除另有规定外,运营人办理进出境快件报关手续时,应当按本办法第十一条、第十二条、第十三条分类规定分别向海关提交有关报关单证并办理相应的报关、纳税手续。

第二十一条 文件类进出境快件报关时,运营人应当向海关提交《中华人民共和国海关进出境快件 KJ1 报关单》(见附件一)、总运单(副本)和海关需要的其他单证。

第二十二条 个人物品类进出境快件报关时,运营人应当向海关提交《中华人民共和国海关进出境快件个人物品申报单》(见附件二)、每一进出境快件的分运单、进境快件收件人或出境快件发件人身份证件影印件和海关需要的其他单证。

第二十三条 货物类进境快件报关时,运营人应当按下列情形分别向海关提交报关单证:

对关税税额在《中华人民共和国进出口关税条例》规定的关税起征数额以下的货物和海关规定准予免税的货样、广告品,应提交《中华人民共和国海关进出境快件 KJ2 报关单》(见附件三)、每一进境快件的分运单、发票和海关需要的其他单证。

对应予征税的货样、广告品(法律、法规规定实行许可证件管理的、需进口付汇的除外),应提交《中华人民共和国海关进出境快件 KJ3 报关单》(见附件四)、每一进境快件的分运单、发票和海关需要的其他单证。

第二十四条 对第二十一条、第二十二条、第二十三条规定以外的货物,按照海关对进口货物通关的规定办理。

第二十五条 货物类出境快件报关时,运营人应按下列情形分别向海关提交报关单证:

对货样、广告品(法律、法规规定实行许可证件管理的、应征出口关税的、需出口收汇的、需出口退税的除外),应提交《中华人民共和国海关进出境快件 KJ2 报关单》、每一出境快件的分运单、发票和海关需要的其他单证。

对上述以外的其他货物,按照海关对出口货物通关的规定办理。

第五章 进出境专差快件

第二十六条 进出境专差快件是指运营人以专差押运方式承运进出境的空运快件。

第二十七条 运营人从事进出境专差快件经营业务,除应当按本办法第二章有关规定办理登记手续外,还应当将进出境专差快件的进出境口岸、时间、路线、运输工具航班、专差本人的详细情况、标识等向所在地海关登记。如有变更,应当于变更前 5 个工作日向所在地海关登记。

对符合上述条件的,所在地海关核发《中华人民共和国海关进出境专差快件登记证书》(见附件五)。运营人凭以办理进出境专差快件报关业务。

第二十八条 进出境专差快件应按行李物品方式托运,使用专用包装,并在总包装的显著位置标注运营人名称和“进出境专差快件”字样。

第六章 法律责任

第二十九条 违反本办法有走私违法行为的,海关按照《中华人民共和国海关法》、《中华人民共和国海关法行政处罚实施细则》等有关法律、行政法规进行处理;构成犯罪的,依法追究刑事责任。

第七章 附 则

第三十条 本办法由海关总署负责解释。

第三十一条 本办法自二〇〇四年一月一日起施行。

第二节 报关、报检异常情况处理

一、申报环节的异常处理

在快件报关、报检的申报环节中,有时会发生一些异常情况。

(一)报关异常情况

(1)日期或批次错误,造成有货无单。

(2)未按照相关规定录入报关资料:

①报关品名不规范(应尽可能体现材料质地);

②报关时将数量单位和件数混淆,如把件数错录成数量单位、在数量单位栏录入数量而未录入单位或者录入错误的符号。

(二)报检异常情况

1. 更改

(1)已报检的出入境货物,检验检疫机构尚未实施试验检疫或虽已实施但未出具证单,由于某种原因报检人员需要更改报检信息的,可以向受理报检的机构申请,经审核批准后按规定进行更改。

(2)检验检疫证单发出后,报检人需要更改、补充内容或重新签发的,应向原签证检验检疫机构申请,批准后按规定进行更改。

(3)品名、数量、重量、包装、发货人、收货人等重要项目更改后与合同、信用证不符的,或者更改后与输入国法律法规不符的,均不能更改。

超过有效期的检验检疫单证,不予更改、补充或重发。

(4)办理更改应提供以下单据:

①填写《更改申请单》,说明更改的事项和理由;

②提供有关函电等证明文件,交还原发检验检疫证单;

③变更合同或信用证的,需提供新的合同或信用证。

2. 撤销

报检人向检验检疫机构报检后,因故需撤销报检的,可提出申请,并书面说明理由,经检验检疫机构批准后按规定办理撤销手续。

报检后30天内未联系检验检疫事宜的,做自动撤销报检处理。

办理撤销应填写《更改申请单》,说明撤销理由,并提供有关证明材料。

二、查验环节的异常处理

在快件的进出口查验环节中,容易出现的主要异常情况有以下几种。

(1)与单证要求不符:如资料不全、快件的品名不详、地址不详、运单号码重复等。

(2)与海关或者相关规定不符:需要根据海关现场申报处理结果而定。

(3)申报不实或者违规:申报的品名及价值与快件内的货物不符、把包裹当成文件出口等。

(4)外来因素影响:外包装破损、发件人要求取回、错分的进口件等。

(5)快件内物品为禁运品。

快件查验环节异常处理的一些方式如下:

(1)若品名不详,告知客户其后果,敦促客户翔实填写快件的品名。

(2)若地址不详,则请客户正确、详细地写明地址。

(3)若运单号码重复,则提示禁止运单号码的重复使用。

(4)若申报不符,告知客户其后果,敦促客户如实填写相关单证上的信息。

(5)对于违反海关或者相关规定的异常快件,查清具体情况后,结合海关的相关规定以及实际情况给予处理。

(6)对破损件,重做外包装,确认牢靠后再出口。

(7)发件人要求取回快件的,应先登记,再退给发件人。

(8)对错分的进口快件,重新确认收件人地址,纠正错误的代码或区域。

三、快件暂扣的处理

报检和报关时,发生快件暂扣的主要原因有:

(1)有单无货。

(2)有货无单。

(3)申报资料不符。

(4)有错别字。

(5)未按关务要求操作。

(6)子母件操作有误。

(7)属于国际快递业务禁止收寄物品。

针对上述暂扣原因,快件报检和报关单位要根据海关的通知进行及时回复与处理。海关一般对暂扣快件的时限是要求10天左右领回相应的快件。

四、关税争议的处理

在快件的进出口操作中,经常会碰到关税的争议问题,在这种情况下,应按照我国《海关法》的相关规定进行处理。

1. 行政争议

行政争议,是指在行政活动中行政主体的相对当事人对行政主体的行政行为合法性或适当性有异议,亦称行政纠纷。行政争议与一般争议相比有以下几个特点:

(1)行政争议各方当事人中至少有一方是国家行政机关(或经授权行使某些行政管理权的社会组织等)。

(2)行政争议是由于国家行政机关的行政管理活动而引起的。

(3)行政争议的焦点是行政机关的行政管理活动是否合法或适当。

海关是根据国家法律、法规,对进出境的运输工具、货物和物品进行监督管理的国家行政机关。在行政管理活动中,由于种种原因,海关不可避免地会出现一些违法或不适当的行政行为，侵害相对当事人的合法权益，受到其反对。或者，虽然海关的行政行为合法并且适当，但相对当事人认为其违法或不适当，侵害了其合法权益，产生行政争议。海关因海关管理活动而与相对当事人发生的行政争议称为海关行政争议，是行政争议的一种。

对行政争议做进一步的划分，可以分为公安行政争议、人事行政争议、文化行政争议、经济行政争议等。经济行政争议是在经济行政管理过程中，经济行政管理机关与经济组织、其他社会团体、公民以及其他国家行政机关之间所发生的具有经济内容的行政争议。这里所谓的经济内容是指争议涉及相对当事人某项经济上的权益（如纳税人的应纳税款）或某项与其经济权益有密切关系的某种权利能力与法律资格（如工商企业的营业资格）。

海关行政争议除了具有上述行政争议和经济行政争议所具有的属性外，还具有其特性，即海关行政争议中必须有一方是海关，并且只能有一方是海关。没有海关作为争议的一方不能称为海关行政争议，但双方都是海关或海关工作人员的争议，同样也不是海关行政争议，而是一般行政争议。例如，两个海关因某个案件的行政管辖权而引起的争议，以及海关工作人员不服海关人事管理的争议，都属于一般行政争议。

2. 关税纳税争议

海关行政争议大致可以分为关税纳税争议、不服海关处罚的争议和不服其他海关行为的争议。

关税纳税争议又称纳税纠纷，是指有关相对当事人认为海关征收关税的行为在实体法上违法或不适当，侵害了其合法权益，而对海关征收关税的行为表示异议。在海关征收关税工作中，对进出境货品的原产地的确定、税则归类、税率变更时税率的适用、完税价格的审定、汇率适用、关税税额的确定、关税减免（包括应否征收关税）、关税追征、关税补征、关税退还、关税强制执行措施等征收关税的行为是否合法或适当，都可能引起关税纳税争议。

3. 关税纳税争议复议

我国解决行政争议的途径有两个：司法方法和行政方法。由人民法院按司法程序解决行政争议的方法称为行政诉讼；由行政机关按行政程序解决行政争议的方法称为行政复议。行政复议是指公民、法人或其他组织认为行政机关和行政工作人员的具体行政行为侵害了其合法权益，依法向有关行政机关提出申请，由有管辖权的行政机关依法对该具体行政行为进行审查并作出裁决的活动。

行政复议有时也称为行政申诉。申诉是指有关当事人对自身权益问题向有关国家机关申述理由，请求处理的行为，可分为司法程序上的申诉和行政程序上的申诉。行政申诉又称为诉愿。

为保证相对当事人的合法权益不受侵犯，协调、统一各国海关事务申诉制度，世界海关组织《关于简化与协调海关业务制度的国际公约》总附约第 10 章，即《关于海关事务的申诉》中对各种关务申诉制度做了规定，供各国政府签字加入，在制定本国海关事务申诉制度时予以协调。我国已经签字加入这一公约及其总附约。

我国海关根据《中华人民共和国行政诉讼法》、《中华人民共和国海关法》和《中华人民共和国行政复议法》等有关规定，制定了《中华人民共和国海关实施〈行政复议法〉办法》，对海关行政复议作了详细的规定。该办法已于 1999 年 10 月 1 日生效。

五、重大案件的处理

根据同行业其他企业经验，快件通关过程中可能会涉及国家明令禁止的物品违法违规进出口，产生违法违禁品的寄送或走私案件，也可能出现恐怖分子利用快件渠道制造破坏社会公共安全的事件。

针对不同的案件类型，应及时上报相应的政府监管机构，如缉私局、公安局等，由政府专业机构进行统筹处理，同时，企业应该根据相关单位的要求做好事件的保密工作，以利于案件的侦破。

【思考与练习】

1. 海关是如何进行进出口快件监管的？
2. 快件进口清关业务流程是怎样的？相关的单证有哪些？
3. 快件出口报关业务流程是怎样的？相关的单证有哪些？
4. 进出口快件报关、报检一般都有哪些异常情况，如何解决？

第五章 快递服务合同

【内容提要】

本章介绍了快递服务合同的组成内容，阐述了各类快递业务资费的计算方法，分析了快件保价、保险及其赔偿的处理流程和快件保险与保价的区别与联系。

第一节 快递服务合同的内容

2008 年 8 月 18 日，国家邮政局、国家工商行政管理总局联合发布了《国内快递服务合同》示范文本，10 月 1 日起施行，以规范快递服务，维护消费者的合法权益。这是我国第一次发布快递服务合同示范文本。示范文本不具有强制性，但它的发布有利于引导快递企业按照有关要求，明确企业与用户双方的权利和义务，使其合同条款做到公平合理、准确全面。

一、快递服务合同的内容

快递企业制定服务格式合同，其条款应符合法律规定，体现公平、公正的原则，文字表述应真实、简洁、易懂。《国内快递服务合同》示范文本由国内快递服务协议、国内快递详情单两大部分组成，以下详细介绍各部分的内容。

1. 国内快递服务协议

(1) 快递详情单是协议的组成部分。协议自寄件人、快递企业收寄人员在快递详情单上签字或盖章后成立。

(2) 快递企业依法收寄快件，对信件以外的快件按照国家有关规定当场验视，对禁寄物品和拒绝验视的物品不予收寄，向寄件人提供自快件交寄之日起一年内的查询服务。

(3) 寄件人不得交寄国家禁止寄递的物品，不得隐瞒交寄快件的内件状况，应当依照相关规定出示有效证件，准确、工整地填写快递详情单。

(4) 快递企业在服务过程中造成快件延误、毁损、灭失的，应承担赔偿责任。双方没有约定赔偿标准的，可按照相关法律规定执行。既无约定也无相关法律规定的，从快递服务标准规定。快递企业有偿代为封装的，承担因封装不善造成的延误、毁损、灭失责任。

(5) 寄件人违规交寄或填单有误，造成快件延误、无法送达或无法退还，或因封装不善造成快件延误、毁损、灭失的，由寄件人承担责任。

(6) 快递企业可以与寄件人约定送达时间，没有约定的从快递服务标准规定。快递企业将快件送至收件人，登记收件人有效证件号，经收件人签章，视为送达。收件人是单位的，由单位收件人员签章，加盖该单位收发章，视为送达。

(7) 免责事由从法律法规规定，未尽事宜可由协议双方另行商定。

2. 国内快递详情单

快递详情单又称快递运单，是快递企业为寄件人准备的，由寄件人或其代理人签发的重要的运输单据。快递运单是快递企业与寄件人之间的寄递合同，其内容对双方均具有约束力。

当寄件人以物品所有人或代理人的名义填写并签署快件运单后，即表示接收和遵守该运单的背书条款，并受法律保护。

快递运单是一种格式合同，由正面寄递信息和背书条款两部分组成。

(1)运单正面内容是对快件涉及信息的详细描述，主要内容如下。

①收/寄件人信息，主要包括：姓名/名称、单位、地址、联系电话、收/寄件人签名。

②快递企业信息，主要包括：名称、标识、联系电话。

③快件信息，主要包括：品名、快件内件数量、重量和体积、价值、封装形式。对于国际快件，快件信息还应包括：内件分类(信件类或物品类快件)、申报价值、原产地。

④费用信息，主要包括：计费项目及金额、付款方式、是否保价(保险)及保价(保险)金额。

⑤时限信息，主要包括：收寄时间、投递时间。

⑥约定信息，主要包括：双方约定事项，包括产生争议后的处理途径、寄件人对快递运单信息的确认。

每一份运单正面都有一个条形码(各快递企业使用的条形码编号规则不同)，通过条形码将运单内容进行捆绑，便于快件运输途中的查询和操作。各快递企业所采用的运单格式及纸张大小不尽相同。某快递企业所用的快递运单如图5-1所示。

国 内 快 递 详 情 单
EXPRESS WAYBILL

快递服务组织名称、标识或编号位置
Express Service Provider Name & Logo or Waybill No.

条形码
Barcode

寄件人姓名 FROM | 联系电话(非常重要) PHONE (VERY IMPORTANT) | 收件人姓名 TO | 联系电话(非常重要) PHONE (VERY IMPORTANT)

单位名称 COMPANY NAME | 单位名称 COMPANY NAME

寄件地址 ADDRESS | 收件地址 ADDRESS

用户代码 CUSTOMER CODE | 邮政编码 POSTAL CODE □□□□□□ | 城市 CITY | 邮政编码 POSTAL CODE □□□□□□

文件□ DOCUMENT | 物品□ PARCEL | 如系物品，请据实填写内件名称及数量。如需保价，请据实申报保价金额并交纳保价费。PLEASE SPECIFY THE CONTENTS AND AMOUNT OF THE PARCEL, DECLARE VALUE FOR CARRIAGE AND PAY THE APPROPRIATE CHARGE.

保价 □ DECLARING A VALUE FOR CARRIAGE | 保价金额：万 仟 佰 拾 元(大写) DECLARED VALUE FOR CARRIAGE

重量 千克 WEIGHT KG | 体积 VOLUME 长 L ×宽 ×W ×高 ×H = 厘米³ cm³

付款方式 MEANS OF PAYMENT | 现金 CASH □ | 协议结算 AGREEMENT □

内件品名 NAME OF CONTENTS | 数量 AMOUNT

资费 CHARGE ¥ | 加急费 URGENCY SURCHARGE ¥ | 包装费 PACKAGING FEE ¥ | 保价费 CHARGE FOR DECLARED VALUE ¥

费用总计 TOTAL ¥ | 1%□ 2%□ 3%□ 商定 AGREEMENT □

特别声明 SPECIAL STATEMENT | 非禁寄品 □ NON-PROHIBITED ARTICLES | 易碎 □ FRAGILE | 加急 □ URGENT | 其他 □ OTHERS

非保价快件赔偿限额 COMPENSATION LIMITS FOR ARTICLES WITHOUT DECLARED VALUE | 资费2倍 □ CHARGE×2 | 资费5倍 □ CHARGE×5 | 商定 □ AGREEMENT

寄件人签名：SENDER'S SIGNATURE Y年 M月 D日 H时 | 收寄人员签章：ACCEPTED BY (SIGNATURE) | 收寄单位业务专用章 Business Seal of the Express Service Provider | 签名 VER'S SIGNATURE Y年 M月 D日 H时 证件号：ID NO.: | 代签人签名：AUTHORIZED SIGNATORY: Y年 M月 D日 H时 证件：ID: 证件号：ID NO.:

EMARKS

单号位置

填写本单前，务请阅读背面快递服务协议！您的签名意味着您理解并接受协议内容。
YOUR SIGNATURE INDICATES YOU HAVE READ, FULLY UNDERSTAND AND ACCEPT THE "DOMESTIC EXPRESS SERVICE AGREEMENT" ON THE BACK OF THIS FORM.

请正楷用力填写！PRESS HARD | 服务电话：HOTLINE WEBSITE | 查询电话：INQUIRY | 网址：LINE

图5-1　某快递企业的快递运单正面

(2)运单背书条款反映的是快递企业与用户之间的权利、义务。某快递企业所用的快递运单背书条款,如图5-2所示。背书条款由快递企业和寄件人共同承认、遵守,具有法律效力,自签字之日起确认生效。收寄快件时,业务员有义务在寄件时提醒寄件人阅读背书内容。背书条款主要包括以下内容:

①查询方式与期限;

②用户和快递企业双方的权利与责任;

③用户和快递企业产生争议后的解决途径;

④赔偿的有关规定。

国内快件详情单使用须知

1. 本单仅限寄递国内特快专递邮件(下简称邮件)时使用。

2. 为使本单各联字迹清晰可辨,请在填写本单时使用圆珠笔或打字机,以正楷详细、准确、用力地逐条填写单式中应由寄件人填写的各项内容。收件人签收邮件时亦应使用正楷签名。

3. 邮件内不得夹寄有爆炸性、易燃性、腐蚀性、放射性、毒性的危险品、麻醉药物、精神药品、现金以及邮政规章制度(下简称邮章)规定的其他禁寄品,违者将承担相关法律责任。

4. 邮件封装须适应内件性质,符合邮章的要求。

5. 邮件资费根据邮件整体重量(含内件、相关单式及封装材料重量)计收。

6. 国内特快专递业务提供保价服务,邮件是否保价由寄件人自愿选择。保价最高限额为十万元人民币。如需保价,寄件人应据实申报保价金额并按规定交纳保价费。未按规定交纳保价费的邮件,不属于保价邮件。

7. 保价邮件如发生丢失、损毁或短少,按实际损失价值赔偿,但最高不超过相关邮件的保价金额;未保价邮件如发生丢失、损毁或短少,按实际损失赔偿,最高不超过所付邮费的两倍;邮件如发生延误,按邮政部门规定的标准予以补偿;对其他损失或间接损失,邮政部门不承担赔偿责任。

8. 本单第三联是交寄邮件的凭证,凭此联或收据可在自交寄邮件之日起四个月内在交寄邮局办理查询,逾期不再受理。

9. 涉及业务规定发生变化与本须知内容不一致时,以邮局公布的内容为准。

图5-2 某快递企业的快递运单背面

除了在每票快件上粘贴快递详情单外,目前许多快递企业都会与大客户(每月要求寄递的快件数量达到一定程度的用户)在平等互利的原则下签订服务合同,以便更好地保障双方的权利和义务。某快递企业的服务合同示例如下。

某快递企业服务合同

合同编号:(20××)NO.

甲方:

住所地: 邮政编码:

电话:

乙方:

住所地: 邮政编码:

电话:

根据《中华人民共和国合同法》等有关法律法规,甲乙双方经友好协商,在平等自愿的基础上就甲方为乙方提供国内快递服务,签订如下合同,以期共同遵守。

本合同包括:

1. 本合同文本;

2. 附件一:货物运输时效表;

3. 附件二:货物运输价格表。

第一条 服务内容、区域

1.1 乙方委托甲方办理国内的快递服务业务。

1.2 服务区域:甲方在全国各地所开通的全部区域。

第二条 甲方的权利和义务

2.1 双方在货物交接时,应确认货物原始包装的完好性,若发现包装有破损情况,甲方有权拒绝接受该货物。

2.2 对于直接掌管下的货物应谨慎、妥善地进行装卸、搬运、仓储,保证其安全和完整。

2.3 将乙方交付的货物送达到乙方指定的地址和收件人或收件单位。

2.4 如将货物错运到货地点或接货人,应无偿运至合同规定的到货地点或接货人。

2.5 如果乙方要求在同一派送区域内改变送货目的地,甲方有义务无偿提供服务。

2.6 为乙方提供货物运输、签收的查询服务。

2.7 如遇需转寄其他快递企业的,接收货物时通知乙方,并征得乙方同意后转寄。

2.8 及时向乙方通报货物运输的进展情况,出现异常问题,应及时通知乙方,商议处理。在紧急情况下,甲方可以自行采取有利于乙方的处理办法,并将结果通知乙方。

2.9 按照双方约定,定期提供货物运输信息统计报表给乙方。

2.10 为乙方免费提供运输面单、信封、塑料包装袋。

第三条 乙方的权利和义务

3.1 对所托运的货物进行妥善包装,该包装应符合运输及仓储保管的要求。如果托运易碎、易渗漏货物或危险品等特殊货物,应事先向甲方说明,并向甲方提供必要的仓储保管、运输技术资料或文件。需特殊包装、加固时,甲方有义务提供此类服务,相关费用由乙方承担。

3.2 认真填写运输面单,将货物的名称、性质、数量、重量、体积、运输要求、收件人的地址、单位名称、收件人、联系方式、邮编等信息详细提供给甲方。如由于乙方提供信息错误,导致货物遗失的,甲方不承担赔偿责任。

3.3 不得交寄易燃、易爆、易腐蚀或货币、非法出版物等国家明令禁止的禁运品。

3.4 乙方因下列过错造成车辆、机具、设备损坏,腐蚀,污染或人身伤亡以及涉及第三方的损失,由乙方负责赔偿。

(1)在托运的普通货物中夹带、匿报危险品或其他违反危险品运输规定的行为;

(2)错报超重货物重量;

(3)货物包装、标志不符合规定。

3.5 按照约定价格及时支付运费。

第四条 送达及退回

4.1 收件人收到甲方送达的货物时:

(1)经检验确认货物外包装完好的,在回单上签收;

(2)经检验发现外包装破损且货物有一定损坏的,有权拒绝签收,甲方须及时通知乙方,在得到乙方许可后,把货物退回乙方。

4.2 无法送达:货物到达目的地,因当天联系不到收货人而不能及时派送的,甲方应在2个工作日内告知乙方,3日内仍无法联系派送的,在得到乙方允许后,将货物退回乙方;产生的费用由乙方承担。

4.3 由于甲方原因如途中损坏、派送不到等造成货物被退回的,由甲方承担运费。

第五条　费用与结算

5.1　本合同所称运输费用的计算以重量为准，计量单位为1千克，不足1千克的按照1千克计算。计费重量的计算以运送货物包装后的实际重量与体积重量中的较大者为依据。体积重量的计算公式为：

$$重量(千克)=长(厘米)\times 宽(厘米)\times 高(厘米)\div 6\,000$$

运输单价参见附件二：货物运输价格表。

5.2　每月5日前，甲方提供上月结算清单明细交由乙方核对。

5.3　在费用核算无误后，由甲方依据费用总额开具正规发票给乙方，在收到发票后的10个工作日内，乙方支付费用。

5.4　费用的支付形式为：支票、银行转账、现金。

第六条　保险及理赔

6.1　乙方须为500元以上货物支付保价费，保价费率为5%，最高保价金额为10 000元人民币。

6.2　运输过程中造成货物遗失或毁损的，由甲方负责赔偿。价值500元以下的货物，按照货物实际毁损价值赔偿，但最高赔偿金额不超过500元人民币；赔偿金从甲方的当月快递费用中减除，并免除此单货物的运费；如不足扣减时，由甲方另行支付。价值500元以上的货物，由甲方向保险公司索赔，乙方应提供协助。

6.3　除不可抗力外，甲方应承担由于货物错运等原因造成的延误交付的责任。延误5日以内，每延误1个工作日，该票货物运输费用减免七分之一；延误超过7日，该票货物运输费用全免。

6.4　在符合法律和合同规定条件下的运输，由于下列原因造成货物灭失、短少、变质、污染、损坏等物理、化学变化的，甲方不承担责任：

(1)不可抗力，包括但不限于火灾、爆炸、洪水、地震、台风、腐蚀、污染、虫害、叛乱、暴动、国内混乱或类似的双方都无法合理控制的原因；

(2)货物本身的自然属性、质量或缺陷造成的损失；

(3)货物的合理损耗。

第七条　适用法律及争议处理

本合同所有条款适用中华人民共和国法律。

有关本合同出现的任何争议应由甲乙双方友好协商。协议不成的，交由××市仲裁委员会根据仲裁准则进行裁决。仲裁地为××市，仲裁语言是中文。仲裁的裁决是最终裁决，对双方都具有约束力，双方都应遵守执行。仲裁费用、执行仲裁裁决的费用由仲裁裁决书决定。

除争议事件外，双方都应依照本合同执行各自未尽的权利，履行各自未尽的义务。

第八条　知识产权

各方的名称和商标为各自独有及排他的财产，除非双方另有约定，否则不能在任何产品上使用对方的商标或在产品中应用对方的知识产权。

第九条　保密

在履行本合同过程中，甲乙双方都应向另一方提供相关操作信息、产品信息和其他营业信息。被提供的信息将被视为机密，所有权只属于提供信息方。接收信息方只能把另一方提供的信息用于本合同义务和职责的执行中。除本合同允许外，甲乙双方都无权在未得到另一方的书面许可前，以任何一种方式或为任何目的使用得到的机密信息。除了国家执法机关要求或已征得另一方的书面许可外，任何一方不应向其他第三方公开机密信息。

第十条　诚信

甲乙双方均应遵守一切适用的法律法规，包括有关环境保护、健康和安全的法律法规。

乙方如对任何关于甲方提供的服务持有疑虑、意见和建议，均可向甲方项目组如实披露。

第十一条　其他

11.1　本合同所指“以上”，不包括本数；“以下”“以内”含本数。

11.2　本合同自双方签字日生效，有效期为一年。

11.3　本合同壹式贰份，甲乙双方各执壹份。

11.4　本合同终止后，协议双方仍承担合同终止前本合同规定的双方应当履行而尚未履行完毕的一切责任与义务。

甲方：某快递企业　　　　　　　　　　　乙方：

代表人：　　　　　　　　　　　　　　　代表人：

日期：　　　　　　　　　　　　　　　　日期：

二、快递运单的作用

(1)快递运单是寄件人与快递企业之间签订的服务格式合同。它是寄件人与快递企业之间缔结的快件寄递合同，在双方共同签字后产生法律效力，在快件到达目的地并交付给运单上所记载的收件人后，合同履行完毕。

(2)快递运单是快递企业签发的已接收快件的证明。同时，它也是快件收据，在寄件人将快件交寄后，快递企业就会将其中一联(寄件人存根)交给寄件人，作为已经接收快件的证明。如有另外注明，则快递运单是快递企业收到快件并在良好条件下装运的证明。

(3)快递运单是付费方和快递企业据以核收费用的账单。快递运单记载着快递服务所需支付的费用，并详细列明了费用的种类、金额，因此可作为付费方的费用账单。其中存根联也是快递企业的记账凭证。

(4)快递运单是出口的报关单证之一。在快件到达目的地机场进行进口报关时，快递运单通常也是海关查验放行的基本单证。

(5)快递运单是快递企业安排内部业务的依据。快递运单随快件同行，证明了快件的身份。运单上载有有关该票快件收取、转运、派送的事项，快递企业会据此对快件的运输做出相应安排。

(6)快递运单是寄件人查询快件状态的依据，也是快件出现问题时投诉和理赔的依据，同时还是快递企业统计派送票数和派送营业收入的依据。因此，快递企业需将快递运单形成档案，作为其经营管理的主要依据。

第二节　快递服务费用

快递服务费用是指快递企业为用户进行快件传递服务时向用户收取的服务费用。快递服务费用的制定应按照《中华人民共和国价格法》(以下简称《价格法》)的规定，遵循公平、合法、诚实、信用的原则。快递企业不应相互串通，操纵市场价格，损害其他经营者或者消费者的合法权益。

一、快递服务费用的计算方法

国内各快递企业在计算快件服务费用时,一般都采取以下方法。

1. 以重量为基础,采取"取大"的方法

计费重量选择实际重量和体积重量两者之中较大者。所谓体积重量,是指将快件的体积按照一定计算公式折合成为重量。计算体积重量,主要是针对那些体积非常大、实际重量很轻的快件,即轻泡快件,目的是为了较为合理地核实快件服务费用。因轻泡快件在实际运输过程中占有较大体积,如果按照快件实际重量计算服务费用,不能弥补快递企业所需承担的运输成本。

2. 以时效为依据,体现"快速高价"的方法

在一定重量的基础上,对于不同时效的产品可以采用不同的价格。

3. 首重加续重的方法

通常快件服务费用分为首重资费和续重资费。快递企业规定的最低计费重量为首重,首重所对应的资费为首重资费;快件重量超出最低计费重量的部分称为续重,续重所对应的资费为续重资费。

快递企业应在提供服务前告知顾客服务费用的计算方式。告知的内容应包括:①快递服务计费的起重及费用;②快递服务的续重及计费单价;③附加服务的费用。

按快件收取和承运的地理范围来分类,快件可分为国内快件和国际快件两种。由于快递行业目前并没有规定统一的资费标准,各快递企业按照《价格法》和《快递行业服务标准》的基本要求,对各类快件的服务费用实行自行定价。

二、国内快件服务费用的计算

快递企业在制定资费时,往往将快件的重量、运输距离等一起考虑,其价格体系一般包括运输费用、保价(保险)费用和包装费用。

(一)取数的通行做法

快递企业快件重量取数的通行做法是舍位取整,最小计量单位为1。

对于轻泡快件,量取快件各边长度时,最小单位为1厘米。例如,7.1厘米按照8.0厘米计算,7.8厘米也按照8.0厘米计算。

读取实际重量或体积重量时,最小单位为1千克。例如,8.1千克按照9.0千克计算,8.7千克也按照9.0千克计算。

(二)快件重量计算

1. 实际重量

实际重量是指一票需要投递的快件包括包装在内的实际总重量,即计重秤上直接读取的重量。

2. 体积重量

体积重量是指利用快件的最大长、宽、高,通过规定的公式计算出来的重量。当需寄递物品体积较大而实重较轻时,因运输工具(飞机、火车、汽车等)承载能力及装载物品体积所限,需采取量取物品体积折算成重量的办法作为计算资费的重量。

(1)航空运输的体积重量计算

国际航空运输协会规定的轻泡快件重量计算公式如下。

规则物品：

长(厘米)×宽(厘米) ×高(厘米)÷6 000=体积重量(千克)

规则物品测量时应注意，尺子须与规则物品的边相互平行，且尺子不能折弯或与物品的测量边成一定的角度。

不规则物品：

最长(厘米)×最宽(厘米)×最高(厘米)÷6 000=体积重量(千克)

强调最大的长、宽、高读数，即相当于把不规则物品放到一个矩形容器中，不规则物品的各个顶点刚好与矩形容器接触，此时量出来的长、宽、高则为该物品的最大长、宽、高。圆锥体、圆柱体长、宽、高的测量方法如图 5-3 所示。

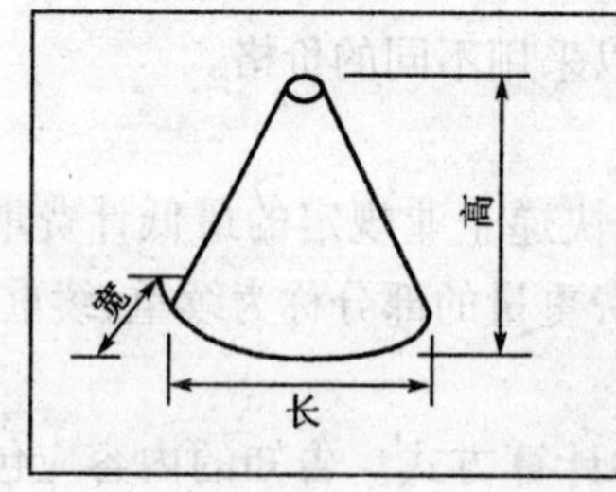

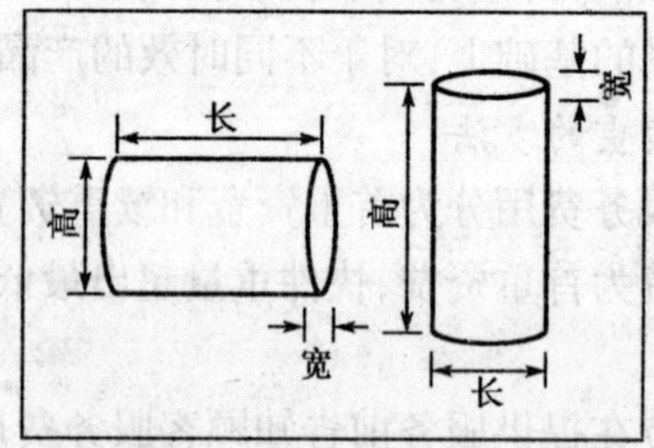

图 5-3 圆锥体、圆柱体长、宽、高的测量方法

[例 5-1] 一票从上海寄往广州的快件(航空运输)，使用纸箱包装，纸箱的长、宽、高分别为 60 厘米、40 厘米、30 厘米，快件实重 5 千克，其计费重量的计算方法为：

体积重量=(60×40×30)÷6 000=12(千克)

体积重量大于实际重量，所以该票快件的计费重量应为 12 千克。

(2)陆路运输的体积重量计算

在陆路运输中尚未有统一的体积重量计算方法，一般以航空运输体积重量计算为参考，即长、宽、高相乘然后除以一个系数。但是不同快递企业设计的系数不尽相同。

规则物品：

长(厘米)×宽(厘米)×高(厘米)÷系数=体积重量(千克)

不规则物品：

最长(厘米)×最宽(厘米)×最高(厘米)÷系数=体积重量(千克)

[例 5-2] 一票从深圳寄往广州的快件(陆路运输，系数为 12 000)，使用纸箱包装，纸箱的长、宽、高分别为 60 厘米、40 厘米、30 厘米，快件实重 8 千克，其计费重量的计算方法为：

体积重量=(60×40×30)÷12 000=6(千克)

体积重量小于实际重量，所以该票快件的计费重量应为 8 千克。

3. 计费重量

快件运输过程中用于计算资费的重量，是整批快件实际重量和体积重量两者之中的较高者。即快件体积小、重量大时，按实际重量计算，计费重量=实际重量；快件体积大、重量小时，按体积重量计算，计费重量=体积重量。

对于一票多件快件，既有轻泡件又有重件，各企业的计重方法则各不相同。有些企业采用“大大相加”的原则，即计算每一件快件的最大重量，整票快件的重量等于各件快件的最大重量之和。

[例 5-3]　一票从深圳寄往北京的快件(航空运输,系数为 6 000),此票快件由两件快件组成,都使用相同的纸箱包装,快件 A 的长、宽、高分别为 60 厘米、40 厘米、30 厘米,快件实重为 8 千克,快件 B 的长、宽、高分别为 60 厘米、40 厘米、30 厘米,快件实重为 18 千克。其计费重量的计算方法为:

快件 A 体积重量 = (60 × 40 × 30) ÷ 6 000 = 12(千克)

体积重量大于实际重量,所以该件快件的计费重量应为 12 千克。

快件 B 体积重量 = (60 × 40 × 30) ÷ 6 000 = 12(千克)

体积重量小于实际重量,所以该件快件的计费重量应为 18 千克。

该票快件的计费重量 = 快件 A 的计费重量 + 快件 B 的计费重量 = 12 + 18 = 30(千克)

也有企业将一票快件整体进行重量计算,将整体的实际重量和体积重量相比,取较大者。如例 5-3:

体积重量 = 快件 A 体积重量 + 快件 B 体积重量

= (60 × 40 × 30) ÷ 6 000 + (60 × 40 × 30) ÷ 6 000 = 12 + 12 = 24(千克)

实际重量 = 快件 A 实际重量 + 快件 B 实际重量 = 8 + 18 = 26(千克)

体积重量小于实际重量,所以该票快件的计费重量应为 26 千克。

(三)营业款计算

1. 营业款的构成

营业款,是指用户在享受快递服务时需要支付给快递企业的费用总和,包括资费、包装费、附加服务费、保险或保价费等。

(1)资费

资费是指快递企业在为寄件人提供快递承运服务时,以快件的重量为基础,向用户收取的承运费用。资费也称为狭义的快件服务费用,当不产生包装费、附件服务费、保险或保价费等时,快件资费就是快件服务费用。

(2)包装费

包装费指的是快递企业为了更好地保护寄递物品的安全,为寄件人提供专业包装而产生的包装费,包括包装材料费和包装人工费。

通常,如果包装材料属于公司专用物料,包装不收取人工费。例如,收寄快件时快递企业提供专业的包装纸箱,一般只收取一定的纸箱费用,不收取包装人工费用。

如果是快递企业帮助用户向外界寻求包装服务的,则一般需要收取包装人工费。例如,某机械需要用木格包装,快递企业应用户需求请木格包装专业公司对机械进行包装,此时一般需要根据包装公司的要求,向寄件人收取包装材料费和包装人工费。

(3)附加服务费

附加服务费是指快递企业为用户提供快递正常服务以外附加服务所加收的服务费,例如代收货款服务。随着电子商务的发展,电子商务商家除了投递商品以外,也提出了快递企业协助收取货款的需求。快递企业帮助寄件人收取货款,则需要收取一定的附加服务费。

此外,快递企业对于涉及航空寄递的快件,在收取资费时,还收取燃油附加费。

2. 资费的标准计算方式

资费是营业款的核心组成部分,与快件的重量直接挂钩,是业务员在收件现场需要准确、及时地计算出来的款项。各快递企业在实际操作中,存在以下两种资费计算方式。

(1)首重续重计算方式

资费 = 首重价格 + 续重(计费重量) × 续重价

首重:快递企业根据运营习惯规定的在计算资费时的起算重量,也可以称为起重。起算重量的价格为首重价格。一般快递企业都将首重确定为1千克。

续重:快件首重以外的重量。续重 = 计费重量 - 首重。通常续重价格比首重价格低,而且随着续重的增大,续重价格也会减少。例如,对于一份重量为30千克的快件,如果首重为1千克,续重就是29千克。

[例5-4] 一票从深圳寄往广州的快件(陆路运输,系数为12 000),使用纸箱包装,纸箱的长、宽、高分别为60厘米、40厘米、30厘米,快件实重8千克,计算其资费。快递企业的资费价格见表5-1。

深圳—广州资费价格表

表5-1

区　间	首重1千克	1千克 < 重量≤20千克	20千克 < 重量≤50千克
深圳—广州	10元	2元/千克	1元/千克

解: 体积重量 = (60 × 40 × 30) ÷ 12 000 = 6(千克)

体积重量小于实际重量,所以该票快件的计费重量为8千克。

资费 = 首重价格 + 续重 × 续重价格 = 10 + (8 - 1) × 2 = 24(元)

[例5-5] 一票从上海寄往广州的快件(航空运输),使用纸箱包装,纸箱的长、宽、高分别为60厘米、40厘米、30厘米,快件实重21.5千克,计算其资费。快递企业的资费价格见表5-2。

上海—广州资费价格表

表5-2

区　间	首重1千克	1千克 < 重量≤20千克	20千克 < 重量≤50千克
上海—广州	12元	6元/千克	5元/千克

解: 体积重量 = (60 × 40 × 30) ÷ 6 000 = 12(千克)

体积重量小于实际重量,计费重量应为22千克。

资费 = 首重价格 + 续重 × 续重价格

= 12 + (20 - 1) × 6 + (22 - 20) × 5

= 136(元)

(2)单价计算方式

单位计价是指按照平均每千克价格来计算资费。单位计价不区分首重和续重,明确平均每千克的价格,由价格乘以重量即可。这种计费方式与普通的运输计价方法类似。

[例5-6] 一票从深圳寄往广州的快件(陆路运输,系数为12 000),使用纸箱包装,纸箱的长、宽、高分别为60厘米、40厘米、30厘米,快件实重8千克,计算其资费。快递企业的资费价格见表5-3。

深圳—广州资费价格表

表5-3

区　间	20千克及以下	20千克以上
深圳—广州	3元/千克	2元/千克

解: 体积重量 = (60 × 40 × 30) ÷ 12 000 = 6(千克)

体积重量小于实际重量,所以该票快件的计费重量应为8千克。

$$资费=单位价格\times计费重量$$
$$=3\times8$$
$$=24(元)$$

[例5-7] 一票从上海寄往广州的快件(航空运输),使用纸箱包装,纸箱的长、宽、高分别为60厘米、40厘米、30厘米,快件实重21.5千克,计算其资费。快递企业的资费价格见表5-4。

上海—广州资费价格表 表5-4

区 间	20千克及以下	20千克以上
上海—广州	6元/千克	4元/千克

解: $体积重量=(60\times40\times30)\div6\,000=12(千克)$

体积重量小于实际重量,计费重量应为22千克。

$$资费=单位价格\times计费重量$$
$$=6\times20+4\times(22-20)$$
$$=128(元)$$

三、国际快件服务费用的计算

(一)资费标准

国际快件资费标准一般分为两部分:一是首重500克收取的首重资费;二是每续重500克或其零数收取的续重费。根据快件类别,资费标准分为文件资料资费标准和物品类资费标准两种,而续重费对于无论哪一类标准都是相同的。信函类实行文件资料资费标准。文件资料和物品合封在一起交寄的,按物品类计收资费。

寄往各国(地区)的国际快件的服务费用一般是按区域制订的。由于快递行业目前并没有规定统一的资费标准,各快递企业按照《价格法》和《快递行业服务标准》的基本要求,对国际快件的服务费用实行自行定价。如某快递企业在制定国际快件的资费标准时,共确定了10个区域的资费标准,具体见表5-5。

某快递企业国际快件资费表 表5-5

资费区	国际快件通达国家(地区)	文件	物品	续重500克或其零数
		首重500克	首重500克	
一区	中国香港、中国澳门	90	150	30
二区	日本、韩国、蒙古、朝鲜	115	180	40
三区	马来西亚、新加坡、泰国、越南、柬埔寨	130	190	45
四区	澳大利亚、新西兰、巴布亚新几内亚	160	210	55
五区	比利时、英国、丹麦、芬兰、希腊、爱尔兰、意大利、卢森堡、马耳他、挪威、葡萄牙、瑞士、德国、瑞典	220	280	75
六区	美国	180	240	75
七区	老挝、巴基斯坦、斯里兰卡、土耳其、尼泊尔	250	325	90
八区	巴西、古巴、圭亚那	260	335	100
九区	巴林、伊朗、伊拉克、以色列、约旦、利比亚、叙利亚、科特迪瓦、吉布提、肯尼亚、马达加斯加、阿曼、卡塔尔、塞内加尔	370	445	120
十区	开曼群岛、捷克、俄罗斯、拉脱维亚、哈萨克斯坦、白俄罗斯	380	455	120

注:单位重量不超过500克的物品类快件按文件类收取资费。

(二)计费办法

国际快件服务费用的计算一般包括以下几部分。

1. 计费重量单位

国际快件一般以每0.5千克为一个计费重量单位,也有一些快递企业以1千克为一个计费重量单位。

2. 首重与续重

国际快件的寄递以第一个0.5千克为首重(或起重),每增加0.5千克为一个续重。通常首重的费用相对续重费用较高。

3. 实际重量与体积重量

需要运输的一批物品包括包装在内的实际总重量称为实际重量;当需寄递物品体积较大而实际重量较轻时,因运输工具(飞机、火车、船、汽车等)承载能力及能装载物品体积所限,需采取量取物品体积折算成重量的办法作为计算运费的重量,称为体积重量。体积重量大于实际重量的物品又常称为轻泡物。

4. 计费重量

按实际重量与体积重量两者的定义与国际航空货运协会规定,货物运输过程中计收运费的重量是按整批货物的实际重量和体积重量两者之中较大的计算。

5. 包装费

一般情况下,快递企业是免费包装的,提供纸箱、气泡膜等包装材料。但对于一些贵重、易碎物品,快递企业要收取一定的包装费用。包装费用一般不计入折扣。

6. 通用运费计算公式

(1)当需寄递物品实际重量大于体积重量时,运费计算方法为:

$$首重运费+[重量(千克)\times 2-1]\times 续重运费$$

例如:7千克货品按首重20元、续重9元计算,则运费总额为:

$$20+(7\times 2-1)\times 9=137\ (元)$$

(2)当需寄递物品实际重量小而体积较大时,运费需按体积重量标准收取,然后再按上述公式计算运费总额。求取体积重量公式如下。

规则物品:

$$长(厘米)\times 宽(厘米)\times 高(厘米)\div 6\,000=体积重量(千克)$$

不规则物品:

$$最长(厘米)\times 最宽(厘米)\times 最高(厘米)\div 6\,000=体积重量(千克)$$

(3)国际快件有时还会加上燃油附加费。燃油附加费是根据国际油价适时变化的。如计算时的燃油附加费为9%,则还需要在运费计算的结果加上:运费×9%。燃油附加费一般会同运费一起打折。

7. 总费用

从上面的分析得出:

$$总费用=(运费+燃油附加费)\times 折扣率+包装费用+其他不确定费用$$

[例5-8] 寄往韩国的特快专递邮件一件450克,内装毛衣两件,计算其资费。

解:毛衣属于物品类,但物品类重量不超过500克按文件类收费,查通达韩国(二区)的资费标准,不足500克的收取资费115元。

［例5-9］ 寄往澳门的快件一票5 000克，内件是书籍，其资费计算标准为：文件类500克以内为90元，每续重500克为30元。计算其资费。

解： 资费 $=90+30\times9=360$（元）

四、其他快递服务费用的计算

1. 台湾快件服务费用的计算

在某些快递企业，寄往台湾地区的快件按性质分为文件类和物品类两种。文件类起重500克资费90元，每续重500克及其零数增加40元资费；物品类起重500克资费130元，每续重500克及其零数增加40元。

2. 其他快递服务费用的计算

为了满足用户多样化的需求，一些快递企业纷纷推出了种类丰富的业务以供用户选择。这些业务的服务费用由各快递企业按照《价格法》和《快递行业服务标准》的基本要求，实行自行定价。下面以某快递企业的业务资费来举例说明。

（1）区域"次晨达"

长江三角洲区域、环渤海区域、东北区域、川渝区域的"次晨达"业务资费：首重500克20元，每续重500克6元；每件另加收5元特殊服务费。

珠江三角洲区域的"次晨达"业务资费：起重500克16元，每续重500克2元。

（2）跨区域"次晨达"

资费标准：首重500克50元，每续重500克或其零数，环渤海区域与珠三角地区间互寄的15元，其他10元。

各开办城市根据当地市场情况及截邮时间有可能适当上调收费标准。

（3）经济快件

经济快件主要定位国内物品类市场。主要服务对象为批量交寄，价值相对较高，对安全、信息反馈和综合性价比要求较高的大宗用户，如网上购物、电视购物、电子通信产品生产厂家或销售商等。

资费按快件重量计算，起重和续重计费单位为1千克，不足1千克的按1千克计费。

一区：500公里（含）以内起重12元，续重3元；

二区：500～1 500公里（含）起重14元，续重4元；

三区：1 500～2 500公里（含）起重16元，续重5元；

四区：2 500公里以上的起重18元，续重10元。

（4）京津当日递

适合寄递京津两地对时限要求较高的文件类快件。

①开办区域：北京四环内以及望京、上地、中关村、亚运村、亦庄；天津市内六个区（和平区、河东区、河西区、南开区、河北区、红桥区）及塘沽地区。

②收费标准：基本资费20元/件，另加特殊服务费5元/件。

（5）电子商务速递

电子商务速递是为从事电子商务交易的个人和企业量身定做的快递服务，如某快递企业推出的"e邮宝"业务以及整合推出网上"e-EMS"业务。"e-EMS"业务资费与标准EMS一致。

（6）留学速递

留学速递是某快递企业推出的新型国际快件文件类速递产品，主要为有志于出国留学的人员、留学中介机构、留学培训机构、高校国际交流中心等向境外院校寄递留学申请材料提供优质的速递服务。

资费标准(重量500克以内):香港(一区)60元,日本、韩国、新加坡(二区)80元,美国(三区)100元,法国、澳大利亚、新西兰、西班牙、加拿大(四区)130元,英国、比利时(五区)150元,德国、意大利、瑞典、俄罗斯、乌克兰(六区)180元。

(7)代收货款

代收货款,是一些快递企业为各类邮购公司、电子商务公司、电视直销企业、商贸企业、金融机构等单位提供的快速传递实物、代收货款或其他款项(以下统称代收货款)并代为统一结算的一种特殊业务。

相关费用内容如下。

①保证金:当入网企业年快件交寄量达到一定规模时,可以享受一定的资费优惠,因此须交纳一定的保证金。

②入网费:为入网企业提供核算对账使用的专业管理软件的费用。

③资费:根据交寄快件的数量和规模,在现行资费基础上给予一定优惠。对于无法投递退回的快件,按件收取一定的退回费和服务费。

④代收货款服务费:对于投递收款成功的快件,支付2%的代收货款结算手续费和每件10元的代收货款服务费。

第三节 快件保价与赔偿

一、快件保价的概念

快件保价,是指用户向快递企业申明快件价值,快件企业与用户之间协商约定由寄件人承担基础资费以外的保价费用,快递企业以快件声明价值为限承担快件在收派、处理和运输过程中发生的遗失、损坏、短少等赔偿责任。

快件保价是快递企业直接向用户做出的承诺,如果发生问题,由快递企业承担理赔责任。部分快递企业为转移赔偿风险,通过向保险公司购买快件保险,由保险公司承担快件遗失、损坏、短少等的赔偿责任。

二、快件保价的作用

快递市场中普遍存在保价服务的需求。保价服务作为一种附加服务,是快递企业争取用户资源,应对竞争和开发中高端市场的一项重要举措。

1. 保价服务的两个基本功能是损失预防和损失赔偿

保价服务的目的是激励寄件人进行快件寄递服务安全生产投资,提高保价快件的安全水平以及损失发生后的经济补偿。也就是说,保价服务的损失预防功能和损失赔偿功能同等重要,不能片面理解。因此,有针对性的快件寄递服务和高质量的理赔服务都是保价服务的基本功能,既要关注保价服务的损失预防功能,促进快件寄递安全生产水平的提升,也要改善保价理赔工作的质量,维护寄件人的经济利益,保障社会生产有序进行。

2. 保价服务能满足中高端服务需求

用户,尤其是中高端用户,对快件的安全高效要求越来越高,如果将保价服务作为快递领域的增值服务项目且费率合理,可提高用户对快递企业的满意度。

3.保价服务是快递企业开展增值业务的渠道

快递企业开展保价服务,在快件全程处理中给予特殊的保护操作,降低快件发生损失、丢失的概率,提高了快件的安全性,增加了快递企业的收入。因此,保价快件业务已经成为快递企业业务增值的一个渠道。

三、保价费率的计算

保价费是指寄件人所交寄的快件附保险,由寄件人在交寄时支付相应的"保价金"(由寄件人自行对物品估值,所付保价金随之成正比增长),以防物品在丢失后无法估价及索取赔偿。目前,各快递企业在保价费率的计算方面尚无统一标准。

保价服务以自愿为原则。寄件人选择此项服务时,需确定保价金额与每票快件内件实际价值一致,每票快件的保价金额一般都有最高限额,如某些快递企业规定为十万元人民币;保价费一般按申报的保价金额的1%~5%收取。未按规定交纳保价费的快件,不属于保价快件。

四、保价服务的注意事项

1.声明价值

对快递企业来说,快件价值越高,遗失、损毁所产生的风险越大。为了规避风险,快递企业一般都规定了保价物品的最高赔偿价值。业务员在收取快件时需注意,用户填写的快件声明价值不得超出本企业规定的最高赔偿价值限额;如果超出,则建议用户对快件进行投保。

2.保价快件的标识

保价快件普遍都是价值较高或用户非常重视的物品,因此需妥善包装快件,并使用特殊的标识提醒各操作环节注意快件保护。例如采用保价封签,在快件包装封口的骑缝线上粘贴保价封签并请用户在封签及包装的交接处签名,确保只有破坏封签方能打开快件包装。

3.快件称重

为能够及时发现保价快件是否短少并进行相应处理,快递企业一般会对保价快件重量精确度提出较高要求。例如某快递企业规定保价快件的重量必须精确到小数点后两位,且各交接环节需进行重量复核,确保从收取到派送整个过程的快件安全。

4.保价运单

出于保价快件自身的特殊性,有些快递企业使用专门印制的保价运单,有些企业则直接在普通运单的某一位置显著标记"保价"字样。对于有专门或特殊标记保价运单的,业务员在收取保价快件时,须使用这些运单寄递快件,同时注意严格遵循填写规范。

5.赔偿上限

保价快件最高赔偿额不超过用户投保的声明价值。

五、索赔与理赔

快件保价是快递企业直接向用户做出的承诺,如果发生问题,由快递服务组织承担理赔责任。快件赔付的对象应为寄件人或寄件人指定的受益人。

1.赔偿标准及规定

各快递企业赔偿标准不尽相同。对于未保价快件,有些快递企业的最高赔偿额为300~1 500元不等,或者为所付资费的2~6倍;对于保价快件,一些快递企业规定最高赔付额为1万元。

关于赔偿标准,快递企业与顾客之间有约定的应遵从约定,没有约定的可按法定赔偿原则和限额赔偿原则执行。

法定赔偿原则是指快递企业对快件的损失赔偿,仅限于《快递行业服务标准》所规定的范围,即索赔因素主要包括快件延误、丢失、损毁和内件不符,并非一切快件损失都给予赔偿。

限额赔偿原则是指快递企业对快件的损失赔偿,不是“损失多少赔多少”,而是按照《邮政法》及相关规定的限额赔偿标准承担赔偿责任。具体如下所述。

(1)快件延误

快件延误是指快件的投递时间超出快递企业承诺的服务时限,但尚未超出彻底延误时限。

快件延误的赔偿应为免除本次服务费用(不含保价等附加费用)。由于延误导致内件直接价值丧失的,如内件含有时间限制的票据(火车票、演出票等)因时间的延误导致直接价值丧失,应按照快件丢失或损毁的标准进行赔偿。

(2)快件丢失

快件丢失是指快递企业在彻底延误时限到达时仍未能投递快件,与顾客有特殊约定的情况除外。

快件丢失赔偿应主要包括:快件发生丢失时,免除本次服务费用(不含保价等附加费用);购买保价(保险)的快件,快递企业(由承保的保险公司)按照被保价(保险)金额进行赔偿;对于没有购买保价(保险)的快件,按照《邮政法》及其实施细则和相关规定办理。

具体标准遵照国家邮政局在《关于发布快递服务邮政行业标准的通知》(国邮发[2007]116号)中提出的赔偿限额:信件类继续执行按照本次服务费用的2倍进行赔偿的规定;包裹类按照实际损失的价值进行赔偿,但最高不超过本次服务费用的5倍。

(3)快件损毁

快件损毁是指快递企业寄递快件时,由于快件封装不完整等原因,致使快件失去部分价值或全部价值。与顾客有特殊约定的情况除外。

快件损毁赔偿主要包括:完全损毁,指快件价值完全丧失,参照快件丢失赔偿的规定执行;部分损毁,指快件价值部分丧失,依据快件丧失价值占总价值的比例,按照快件丢失赔偿额度的相同比例进行赔偿。

(4)内件不符

内件不符是指内件的品名、数量和重量与快递运单不符。

内件不符赔偿主要包括:内件与寄件人填写品名不符,按照完全损毁赔偿;内件与寄件人填写品名相同、数量和重量不符,按照部分损毁赔偿。

有下列情况之一的,快递企业可不予赔偿:

①由于不可抗力的原因造成损失的(保价快件除外);

②由于顾客的责任或者所寄物品本身的原因造成快件损失的;

③顾客自交寄快件之日起满一年未查询又未提出赔偿要求的。

2. 索赔程序

快件发生延迟、丢失、损毁、内件不符等情况,致使快件丢失其全部或部分价值时,用户都有权利向快递企业索赔。用户向快递企业索赔的渠道包括拨打快递企业的投诉电话或用户服务电话,在快递企业的网页上进行索赔申请等。

(1)索赔申告

寄件人在超出快递企业承诺的服务时限、但不超出快件受理索赔期限内,可以依据索赔因索向快递企业提出索赔申告。快递企业应提供索赔申告单给寄件人，寄件人填写后递交给快递企业。

（2）索赔受理

快递企业应在收到寄件人的索赔申告单24小时内答复寄件人，并告知寄件人索赔处理时限。

（3）索赔处理时限

索赔处理时限是指从快递企业就索赔申告答复寄件人开始，到快递企业提出赔偿方案的时间间隔。

快递企业除了与寄件人有特殊约定外，索赔处理时限应不超过：①同城和国内异地快件为30个日历天；②港澳和台湾快件为30个日历天；③国际快件为60个日历天。

（4）赔金支付

快递企业与寄件人就赔偿数额达成一致后，应在7个日历天内向寄件人或寄件人指定的受益人支付赔金。

（5）索赔争议的解决

寄件人与快递企业就是否赔偿、赔偿金额或赔金支付等问题可先行协商，协商不一致的，可依法选择投诉、申诉、仲裁、起诉等方式。如选择仲裁，应在收寄时约定仲裁地点和仲裁机构。

3. 理赔程序

（1）快递企业在接到寄件人提出的索赔申告后应由理赔员立即提供索赔申告单给寄件人，并告知相关处理流程及用户需提交的各种资料。

（2）快递企业在收到寄件人的索赔申告单后24小时内答复寄件人，并告知寄件人索赔处理时限。

（3）快递企业除了与寄件人有特殊约定外，索赔处理时限应不超过：①同城和国内异地快件为30个日历天；②港澳和台湾快件为30个日历天；③国际快件为60个日历天。

（4）快递企业理赔员应在规定时间内审核用户提交的资料，保持与用户的沟通，核定损失。

（5）快递企业与寄件人就赔偿数额达成一致后，应在7个日历天内向寄件人或寄件人指定的受益人支付赔金。

寄件人与快递企业就是否赔偿、赔偿金额或赔金支付等问题可先行协商，协商不一致的，可依法选择投诉、申诉、仲裁、起诉等方式。如选择仲裁，应在收寄时约定仲裁地点和仲裁机构。

第四节　快件保险与赔偿

一、快件保险的概念

随着快递业务的发展，用户交运的物品价值不断增长，快件安全的重要性日益突显。快件价值保险服务就是针对快件在运输途中因外在因素导致的物理损失或丢失，承担赔偿责任的保险。它作为一项增值服务可以使快件在运送途中得到进一步的安全保障。

快件价值保险是为了保障用户快件安全、满足用户特定商业需求，由快件公司帮助用户向保险公司购买保险,从经济上保护用户避免因为外部原因受到实际损失或灭失影响的保险服务。对用户而言,这是一种“成本返还”保险,类似财产保险。

二、快件保险的内容

快件价值保险是针对在快件运输过程中,由于外在因素导致的货物物理损失或丢失的所有风险。外在因素是指快件在快件公司或其授权代理的控制范围内所发生的意外及不可抗力。

在操作上,快件价值保险采用单票快件,即每票快件购买一次保险。用户在预订取件时提出投保需求,然后通过用户快件发件系统、用户服务代表、派送员以及销售员等渠道购买保险。快件价值保险将在用户的账单上单独体现,分别列明保险费和运费的金额。

针对不同物品,可以采取不同方法确定投保金额。

(1)文件:重新复制、重新打印、重新准备文件的成本,包括材料费用(如纸张)及相关人员成本。

(2)货物:实际现金价值与重置成本中的较低者。

(3)返修物品:实际现金价值(或重置成本)减去维修成本。

理赔时,最大限度的赔偿额 = 投保金额 + 快递运费。

由于不同物品的特征不同,快件价值保险范围并不是针对所有快件产品的,其中部分特殊物品需附带一定条件,例如古巴、朝鲜和利比亚三国不提供保险服务或参与保险项目。

1. 快件价值保险的适用产品

在目的地国家允许进口的条件下,可以接受全球文件快递、全球包裹快递、进出口到付件以及国内包裹快递和国内重货快递等。

2. 不接受投保快件价值保险的物品

(1)动物(包括昆虫、蛹、蠕虫、鱼类、胚胎蛋、鸟类)。

(2)金条、货币、流通票据,遗骸(包括骨灰)。

(3)赝品或盗版印刷品,伪造或非法侵权复印之物及原料。

(4)危险或易燃物品(依 IATA 条例),包括石棉。

(5)药物/毒品(非法),军火(包括零件及弹药)。

(6)色情物品。

(7)货物所经国或地方政府法律列明之违禁品。

3. 接受投保快件价值保险的特殊物品(需附带条件)

(1)酒精类饮品(例如啤酒、葡萄酒、烈酒)。

(2)动植物成品及植物(例如动物皮革、棉花、种子、茶叶、烟草)。

(3)古董或艺术品。

(4)收藏及不能替代的物品(即任何价值高于原来售价的物品或没有普遍供应的物品)。

(5)药物。

(6)皮革、象牙、濒临灭绝的动物产品。

(7)工业用钻石/碳。

(8)医疗样本(例如诊断用的样本、血液、尿液、体液、细胞组织)。

(9)容易腐烂的物品(例如鲜花、干冰、食品、需要温度控制或特别处理的物品或植物等)。

(10)贵重金属及宝石(包括珠宝),手表、人造珠宝饰物。

三、保险费率的计算

快件价值保险的费用按比例收取,有最低收取金额。如某快递企业的收费标准是,国际快件支付投保金额的1%(最低保险费为人民币100元),国内快件支付投保金额的2%(最低保险费为人民币80元)。

四、索赔与理赔

当快件在运输过程中出现服务失败,用户可因此向快递企业提出索赔。由于最终的赔付是由保险公司来完成的,因此在整个过程中,快递企业要根据不同的服务失败种类,联系用户和保险公司完成理赔工作。

1. 服务失败(即索赔的各种情况)

下面列举快递企业可能面临的服务失败行为。

(1)混包:一票货物与另一票或几票货物混在一起,并派送给错误的收件人(混包件的所有发件人都可以提出索赔申请)。

(2)破损:货物发现外在破损(外表可看到),分为部分破损和全部破损(电子音像产品由于消磁等原因而发生的损失、快件固有的缺陷或特征导致的破损不在赔偿之列)。

(3)延误:超出"向用户承诺的标准转运时间"的任何延误。

(4)快件丢失:快件内部物品的部分或全部丢失。

(5)单证丢失:快件的随附文件(海关申报单、许可证、原产地证明等)丢失,所导致的报关延误或引发的关税。

(6)分拣错误:快件被分拣到错误的转运路线,而导致丢失或延误。

(7)派送错误:快件被派送到错误的地方或错误的收件人,不符合运单上的收件人的信息。

(8)代码错误:快件收件地的代码被错误引用,导致快件被发送到错误的收件地,从而引发延误或丢失。

(9)操作不当:快件转运过程中,因作业人员错误的操作方式而导致货物产生异常情况。

(10)忘记取件:没有完成向用户承诺的取件业务,即漏取。

(11)无故退件:快件在无正当理由或没有通知发件人的情况下,退回发件地。

(12)无法派送:由于某种原因而无法成功派送(如名址不详、收件人迁址等)。

(13)其他:与服务失误相关联,但又无法归类的情况。如派送员在取件或派送时,不慎将用户的设施损坏而导致的索赔。

2. 理赔原则

针对快件价值保险,快递企业赔付的原则是:

(1)赔付金额由保险公司支付给用户。

(2)最大限额的赔付 = 投保金额 + 快件运费。

(3)部分丢失或破损,只能获得投保金额及快件运费的部分赔偿。

(4)索赔只能由快递企业的用户(账户持有人或付款人)或其授权代理人提出(签署权利让与书)。

3. 处理程序

当已保险的快件出现了服务失败,用户或其授权代理人需要在有效的索赔申请时限内以书面方式提出。具体申请索赔事件及解决办法如下。

(1)30 天以内:立即解决。

(2)1~3 个月:根据查询记录上的信息,确定是否受理此项索赔。

(3)3 个月至 1 年:上报用户服务部,由部门经理审定。

(4)1 年以上:通常因无法找到相关记录而拒绝索赔。

针对用户的索赔,快件公司分别由用户服务代表和用户关注专员跟进具体的处理流程:

(1)收到索赔申请,建立索赔档案,审核文档。

(2)填写索赔申请书或索赔申告单,收集整理索赔文档,寄给保险公司。

(3)保险公司将理赔决定以书面形式通知快递企业。

(4)将保险公司的理赔决定,传真给用户,由用户确认。

(5)保险公司汇款给用户。

(6)保留汇款凭证及用户收到赔付的确认信,整理存档。

其中用户关注专员主要是判断索赔的有效性。如果是有效索赔,则与用户商议赔偿金额,在 10 个工作日内与用户达成口头或书面共识。如果是无效索赔,则在 2 个工作日内出具信函,解释索赔无效的原因,并由相关经理签字。

4. 免责范围

免责范围是快件价值保险合同中双方当事人在订立合同或格式合同提供者提供格式合同时,为免除或限制快递企业的责任而设立的,包括:

(1)易腐烂变质的物品。

(2)货物的自然磨损、自然折旧。

(3)因包装不当或由货物本身特性导致的损失。

(4)利润或利益的损失、非直接损失、快件延误。

(5)由发件人或收件人及其代理人的疏忽或不当行为所导致的损失。

(6)政治风险(如政府扣押的物品)、与战争相关的风险、政局动乱等。

五、保险与保价的区别与联系

1. 保险与保价的相同点

(1)形式相同:用户均在基础资费以外额外支付了费用,或是保价费用,或是保险费用。

(2)过程相同:用户的物品均发生了灭失、损坏或短少。

(3)效果相同:用户均因物品损坏获得了赔偿。

(4)金额相同:用户物品的声明价值均不得超过物品的实际价值。

2. 保险与保价的不同点

(1)制度设计目的不同:保险是将风险从个人和快递企业转移到保险公司的一种风险防范机制,而保价则是将风险由个人转移到快递企业的一种风险防范机制。

(2)涉及当事人不同:保险涉及用户、快递企业、保险公司、第三方评估机构,保价只涉及用户、快递企业。

(3)风险范围不同:保险针对由于快递企业责任、第三方侵权行为、不可抗力等导致的快件损失进行赔偿;保价仅针对快递企业责任部分进行赔偿,非快递企业过失,如不可抗力、第三方侵权导致的快件损失免责。

(4)所"保"范围不同:对于保险来说,承担的损失必须是可确定和可计量的,而保价对于不易确定和计量实际价值的快件也允许办理保价运输,但一般设置最高限额。

(5)费用性质不同:保险条件下支付的是"保险费",不属于快递营业款;保价运输条件下支付的是"保价附加服务费",属于快递企业营业款。

(6)风险承担者不同:分别是保险公司和快递企业。

(7)索赔程序不同:保险的索赔要求提供相关单证,程序相对繁琐;保价的索赔要求提供单证较少,理赔程序较为简便。

(8)其他不同点:保险一般可由快递企业代办,因而快递企业可集中大量用户,争取优惠的保险费率,而保价的理赔由快递企业自行消化,投入量大,价值界定难度大,容易导致多赔、不赔或少赔的情况,甚至引发官司。

[**参考资料**]

卡地亚手表快递广东不翼而飞

2008 年 7 月 7 日,在上海居住的台商欧先生准备将一块卡地亚(Cartier)手表寄给远在广东东莞的朋友刘先生。根据欧先生的回忆,××快递企业的快递业务员在欧先生的住所看着欧先生将寄件手表包装起来,然后快递业务员在包装上贴了标签,并要求欧先生签了字。

7 月 8 日,欧先生的朋友刘先生打电话到快递企业询问快件是否寄到,按照刘先生的说法,当时××快递企业的答复是快件仍然在路上,还没有寄到东莞市。

随后每隔一天,刘先生都会打电话到××快递企业去催问自己的快件。终于有一天,××快递企业的快递业务员来到了刘先生工厂的办公室。在快递业务员将快件交付给前台小姐后,刘先生终于在晚些时候拿到了这份来自上海的礼物。不过拆开包装后,刘先生顿时哑然,包装盒中没有任何东西,那块卡地亚手表不见了。

"我给我朋友送这份礼物,是因为他很喜欢这块手表,但遇到这样的情况,让我们两人现在的关系非常尴尬。"欧先生向早报记者反映称,"我的这块手表是 2008 年在台北买的,单据手续都保存下来了,当时买的价格是 82 800 元台币,折合人民币将近两万多元。我此前和××快递企业的一个理赔员谈过,对方说按照规定最高只愿意赔偿 5 000 块钱。"

8 月 26 日下午,早报记者拨通了××快递企业的电话,客服部的一位杨先生表示:"欧先生快递的货品确实出现了遗失情况,我们目前已经就此事开展了调查,并派了专门的理赔员和欧先生协商此事。欧先生提出了全赔的要求,但是我们会按照相关规定和制度来做出赔偿。目前我们还在协商过程中,因此不大可能就赔偿问题说得更多。"

8 月 21 日,对××快递企业答复不满意的欧先生甚至拨打了 110,并在派出所备了案。

对于此次手表遗失事件,欧先生最大的不解是为什么没有将货品亲自送到刘先生手中。

欧先生表示:"此前一个理赔员曾经告诉我,手表有可能是在前台小姐收到快件后遗失的,是我朋友的公司员工出现盗窃的情况。但问题是我亲自把表包装好的,而且我朋友说拿到货品时也没有看到过明显被损坏的痕迹。单上写的收件人是我朋友,快递企业当然有责任亲自交给我的朋友,怎么能随便放下签个字就走了呢?"

对于欧先生的不解,早报记者询问了××快递企业的杨先生,杨先生表示:"据我们了解,当时前台的工作人员不允许我们快递员进入公司。这样的情况非常多,有时收件人不在,也可能由同事朋友代收。不过我们不会随便就将东西交给对方,快递员都会确认对方和收件人的关系后才会让人代签。"

据欧先生反映，在上海寄送手表时他是当着快递员的面将手表放入包装盒的，而最终刘先生打开的盒中却没有手表。

对此，××快递企业的杨先生表示："我们已经就此事开展了调查，因为我公司是一个大公司，快递运输过程涉及面很广，其中包括了很多环节。"

"此案件的关键在于手表的签收。"律师在接受记者采访时强调说。律师表示，此案件过程中，前台小姐为刘先生代签了快件，尽管刘先生在发现手表遗失后立刻联系××快递企业，但由于已经签收，即在法律程序上认定了快件不存在问题，所以××快递企业负全责的可能性不大。

律师提醒市民说，在寄送快递时要留意背后的《快件运单契约》。由于很多时候市民对这份条款认识不足，导致出现问题时引起不必要的麻烦。根据律师的建议，在寄送快件时最好标明快递的是什么物品，并为快件购买保险。

（资料来源：2008年8月27日《东方早报》A11版）

【思考与练习】

1. 简述快递服务合同的内容。
2. 国内快件服务费用怎样计算？
3. 国际快件服务费用怎样计算？
4. 如何理解快件价值保险？
5. 如何看待快递服务中的各种服务失误以及如何进行补救？

第六章　信息管理在快递业中的应用

【内容提要】

“工欲善其事，必先利其器。”信息技术作为提升快递业务作业效率的利器，是快递从业人员应具备的基本技能之一。因为快递行业是信息技术使用最为密集的行业之一，大量的网络设备与计算机硬件和软件系统构成了快递信息系统的主体，信息技术使用水平高低已经成为衡量快递企业核心竞争力的要素之一。本章主要对信息系统及相关技术与设备进行了介绍，通过本章的学习，能够使读者熟悉快递行业常用的快递信息处理系统，了解快递业务操作中常用的技术与设备，掌握快递信息系统相关软件操作技能。

第一节　快递业务信息管理与应用

当代科学技术，尤其是电子技术与网络技术的方兴未艾，为快递行业的突飞猛进提供了先进有力的技术支撑，使得以前无法实现的业务成为可能，满足客户需求的新业务层出不穷。

一、快递信息技术的重要性

以信息技术为代表的科技革命不断取得突破，信息化已经成为各国经济社会发展的强大动力，推动了人类社会以前所未有的速度冲向新的历史高度，由工业化社会向信息化社会迈进。

经济的发展推动了快递业务迅猛发展，随之而来的是对处理时限的要求越来越高，业务票据数量迅速增多。传统的人工查询、统计管理和数据分析已不能适应现代快递发展的需求，快递企业迫切需要引入先进、高效、完善的信息系统来辅助进行处理，这为信息技术的采用提供了广阔空间。如今，对信息技术的熟练掌握已经成为快递行业从业者上岗工作的基本要求之一。

快递信息技术是利用信息通信技术的原理和方法来指导快递作业过程中的信息处理、传输和规划，通过网络与计算机等设备的运作，提高快递作业速度与效率，降低成本、减少失误的，已经成为各快递企业的“神经中枢”。在今天各快递企业硬件设施同质化的形势下，快递信息系统已经成为企业的核心竞争力之一，是企业“软实力”的体现。

快递信息化具有鲜明的行业特征，如动态性、地域的分布性、数据的及时性、过程的准确可控性、服务的友好性和多样性、物流资金流控制流和信息流的相互依存性等。而快递信息技术正是破解这些问题的一把利刃。

二、快递信息管理及其功能

快递信息管理的功能模块通常可分为：系统管理、订单管理、网上服务、车辆管理、路线优化、生产管理、作业管理、业务量统计和财务管理九大模块。

1. 系统管理

(1)用来完成系统相关信息的维护与设置,包括软件的系统初始化工作、常见信息维护和数据库备份恢复等。

(2)用来完成系统通用参数的设置,包括员工档案管理、员工权限管理、公司组织管理、客户档案管理和供应商管理等。

2. 订单管理

(1)订单录入

订单录入是指对客户订单信息的初始采集。这些信息包括订单编号、货品编号、发件人、收件人、订单类型、订单数量、付款信息、付款人、配送方式、付款方式、发票号码、支票号码等。

(2)订单查询

订单查询为操作员或客户查询某一票快件的具体信息而设置,包括快件当前状态、进口日期、代收金额、操作员、派送员、派送日期和收件人签收情况等信息。

(3)文件接收

文件接收是指为用户提供原始已有的数据接口,从用户原来已有的数据文件中,把订单信息直接存储在数据库中,无需使用者多作其他操作,通常配合客户端的便捷发件系统(EasyShip)使用。

3. 网上服务

一般采用服务器数据库结构,通过Web页面的方式,对外发布快件信息,供其他系统和用户查询快件信息,具体作用有:

(1)客户可便捷地通过互联网进行业务操作,增强企业服务客户的能力。

(2)为客户提供远程下单和查单的服务,快递企业内部也可通过网络对业务进行查询和统计。

4. 车辆管理

(1)应用地理信息系统和全球卫星定位系统(GIS/GPS)技术,对在途车辆进行有效监控,克服车辆在途运输时的盲点。

(2)按需求检索,查看现有车辆的忙闲状态,合理调配资源。

(3)由车辆编号查询当前车辆位置,以及当前承载货物的状态。

(4)从快件编号查询承载车辆,以及随车承载货物的详细信息。

5. 路线优化

(1)应用地理信息系统(GIS),对运输线路进行总体优化管理,实现对货运成本的有效控制,计算多点运输时的最短、最省方案。

(2)在路况或运输条件突发变化时,重新设置调度,进行快件物流线路优化配置。

(3)利用成型的运输调度模型计算已知运输点下的最佳方案,以车辆行驶的最短距离或最小费用运送货物。

6. 生产管理

(1)完成快件输送中的调度,包括分拣中心管理模块、各分点管理模块等。

(2)完成库存统计和维护信息,包括产品档案、入库、出库、库存统计。

7. 作业管理

作业管理对象为快递业务员,对其揽收、取件、派送等信息进行统计和监管,包括分拣结果、人车调度、派送结果、收款情况和客户确认等信息。

8. 业务量统计

针对每个业务点和每个业务员的业务量进行统计，包括揽收、取件和派送的工作量信息，汇总时间可按照日、月、季度等时间段设置。

9. 财务管理

记录或调整快件单价等财务信息，为利润核算、员工绩效考核、效益统计等提供参考信息，生成类似于“应收及实收账款对照表”等会计财务文件。

国际大型快递企业已普遍使用快递信息管理系统，作为提升工作效率、降低运作成本、提高企业核心竞争力的重要手段。而我国快递行业的信息管理水平则相对滞后，大多数规模较小的快递企业，还处于信息化管理的较低层面，无法发挥快递信息管理的优势。但是可以欣喜地看到，越来越多管理理念现代化的快递企业已经开始使用综合性快递信息管理系统来提升企业运作的信息化、自动化水平，并取得了良好的效果。

三、快递信息管理系统简介

随着计算机技术与网络技术的快速发展，快递信息管理系统得到了大规模的推广和应用。快递企业具有网点众多、地理位置分散、业务流程衔接紧密等特点，如何将这些分散在各地的网点通过计算机网络连接起来，提供对快件信息的采集、处理、传递与储存，就是快递信息管理系统需要解决的问题。

大型快递企业一般采用自行设计开发或由第三方软件公司代为开发的快递信息管理系统，优点是可根据自身需求量身定制，缺点是资金、人力、物力开销较大。这些信息管理系统技术复杂，自动化程度较高，功能基本能够涵盖整个企业所有的信息化运作领域，一般包括运单管理系统、手持设备管理系统、电子地图系统、快递时效管理系统、仓储管理系统、运单信息查询系统、费用结算管理系统和通用办公信息系统等。

大型企业使用的快递信息管理系统，整体系统架构较为复杂，一般由专门的技术部门维护保养，运营成本较高。而大多数中小型快递企业由于能力有限，无法承担定制开发的费用，大多通过购买专业软件公司提供的快递信息管理系统，进行有限的二次开发，满足自身的个性化需求。这种快递信息管理系统在设计时会考虑到系统的行业通用性和使用广泛性，在设计上集成了快递业务最为通用的功能模块，剔除个性化，以便推广销售；同时，考虑到中小型快递企业业务量不大、IT 力量有限，在系统部署上大多采用服务器加通用数据库模式，以简化系统安装与操作流程。这种快递信息管理系统具有成本低、部署便捷、维护简单等诸多优点，但是因为是通用型系统，也有着功能不完善、无法提供个性化业务等缺陷。

现在各个快递企业的营业网点都配备有电脑，并将其作为快递信息管理系统的终端使用。营业网点操作人员通过互联网访问总部的快递信息管理系统服务器，而总部工作人员则可直接通过企业内部局域网访问服务器，彼此通过网络以服务器为平台传递快递业务信息与管理信息。

网点操作人员登录快递信息系统的方式主要有两种：一种是通过安装相应的客户端软件完成，另一种是无需安装客户端系统，使用网页浏览器登录总部的信息系统服务器，以网页的形式呈现快递信息及其他内容。这种在总部部署服务器，分支机构使用浏览器打开网页形式进行管理操作的模式就是所谓的 Browser/Web Server（浏览器/服务器，简称 BS）模式，是当前的主流使用方式。

下面介绍某个具有代表性的客户端软件，它“麻雀虽小，五脏俱全”，基本能够涵盖中小快递企业对快递信息化的普遍需求。

该软件主界面左侧为信息管理树，汇总八项功能，包括基本设置、快件录入、快件出仓、快件派送、仓库管理、本地仓库管理、快件查询和收入统计；右侧为信息显示区，点击左侧不同的功能模块，该区域显示相应模块的具体信息。以下分别介绍八个模块的基本概念。

1. 基本设置

基本设置中的各子模块，主要记录员工信息、公司信息、客户信息和网点信息。

员工信息子模块主要采集快递企业员工的档案资料，所有在职或者离职的员工信息均被收录其中。具体包括员工的姓名、年龄、身份证号码、工种职务、入职离职时间、联系方法和地址等信息。由于快递作业的特殊性，一般还需要录入担保人的信息，以便安全管理。

公司信息子模块的功能类似于大型快递企业的客户关系管理系统（CRM），用来记录客户的公司信息，以便更有效地为公司客户服务。它收录了每家公司的中英文名称、中文地址、英文地址、联系电话、传真号和网站信息。

客户信息子模块是记录客户细分、客户需求、客户联系方式等一些关于客户的基本资料。

网点信息子模块主要采集各个营业网点的信息。快递企业都会有多个网点，完成一次快递过程通常需要各个网点相互协作与沟通，因此各个网点的负责人、地址、联系电话等信息就显得尤为重要。网点信息子模块详细记录每个网点的网点编号、网点名称、网点地址、网点电话、负责人姓名、联系电话等信息。每个网点分配不同的快递单号区间，以便管理与统筹，这项任务由单号分配模块完成。当需要调整分配各分站的快递单号时，点击信息管理树中"基本信息"的"单号分配"，便会弹出单号分配页面。

当需要调整分配各分站的联系信息时，点击信息管理树中"基本信息"的"网点信息"，便会弹出网点信息输入的页面。填好相关信息后，点击下方的"增加"，即可更改或新建网点信息。

2. 快件录入

快件录入模块是快递作业的核心模块之一，包括原件录入和外部来件两个子模块，记录收派员揽收回来的快件信息和外部客户直接送来的快件信息，是快件物流信息进入信息管理系统的第一步。

快件录入模块记录每位收派员揽收回来的快件信息，包括该票快件的运单号、当前状态、发件人信息和收件人信息等快递转运所需的全部信息，是快件信息录入的第一站。如果此处信息记录出现错误，将会影响后续所有运送作业。

为了提高工作效率，此模块常与条形码阅读器配合使用，扫描每票运单上的条形码，记录单号，再手工填入其他相关信息。后续操作时，只需用条形码阅读器扫描快件上的单号，其相关运送信息就会立即出现，从而提高信息处理效率。

3. 快件出仓

快件出仓模块是快递作业与物流运输的接口模块，接收快件录入模块输入的快件信息，根据去向目的地信息，安排物流传输路线。出仓快件的信息表明快件已经离开网点，进入物流运输环节，正在发往目的地的路途中。

快件出仓包括待出、待审和按目的地批量出仓三个子模块。快件出仓的功能是记录和显示当前通过快件录入模块处理的已经存放在网点准备启运的快件信息。通过对这些快件信息的罗列显示，表明其可以转运下一网点或中心网点进行分拣。

4. 快件派送

快件派送模块是快递信息管理系统的核心模块之一。所有运送来网点的快件，均需通过快件派送模块的调度,最终由快递收派员派送到用户手中。用户签收后,表明此次快递业务完成。点击系统面板左侧信息管理树的“快件派送”,或者点击系统菜单栏的“快件派送”,即会显示它的三个子模块——派件出仓、退单管理和问题件管理三部分。

快件派送负责处理所有派件相关信息,是快件进入收件人手中的最后一个环节,也是快递网点最为重要的两项作业之一。高效的快件派送,将会极大加强网点的运作速度,有效提高工作效率。

5. 仓库管理

仓库管理模块是对其他各个网点信息的汇总,主要供总部操作人员汇总各个分支网点的快件存储情况。该模块包括退件管理、各网点当前库存查询、各网点退单查询和各网点问题件查询。其中退单管理是各个网点退单的汇总,由总部操作人员汇总整理,依照规章制度做退回发件人的处理。至于当前各地库存查询、各网点退单查询、各网点问题件查询,只需在信息管理树的仓库管理中点击相应的选项,便会显示相应的查询窗口,在查询窗口内选择想要查询的网点名称,即可在面板中罗列出相应的快件信息。

6. 本地仓库管理

本地仓库管理模块对本地仓库处于各种状态的快递信息进行汇总显示,包括当前库存查询、退单查询和问题件查询三部分。

进入当前库存查询子模块后,在系统面板的右侧会罗列出当前仓库内处于所有状态的快件,只要快件当前依然存放于仓库未被派送,其信息就会在此显示。退件查询子模块提供一种手段,可以将当前仓库中所有处于退件状态的快件信息显示出来,供进一步查找或处理。问题件查询功能如同退件查询,提供当前仓库中所有处于问题件状态的快件信息。

7. 快件查询

快件查询模块提供各种方式的快件信息查找与汇总,供内部查询每票快件的当前信息。点击信息管理树的“快件查询”或菜单栏的“快件查询”,即可打开此模块。快件查询根据查询方式不同细分为根据单号查询、根据目的地查询、根据发件人查询和根据收件人查询四种。输入相应的查询信息后,系统将在面板右侧页面内显示符合查询条件的所有快件信息。

8. 收入统计

收入统计模块是快递信息管理系统的最后一个功能模块,提供财务信息汇总与统计。它包括各网点快件数目收入统计和公司全部快件数目统计两个部分。操作时,点击系统面板左侧信息管理树中的“收入统计”,即可看到这两项收入统计。

在信息管理树中单击“网点快件数目收入统计”或“公司全部快件数目收入统计”即可打开各自的统计页面,选择一个时间期限,即可查询这个期间网点或公司的全部收入。这些收入信息将会详细罗列在系统面板右侧的页面中。

基本设置、快件录入、快件出仓、快件派送、仓库管理、本地仓库管理、快件查询和收入统计八个功能模块,构成了这套快递信息管理系统的全部功能,可供业务量较小的快递企业进行快递业务作业和信息管理。虽然业务功能相对单一,但能有效完成快递业务作业所需的全部功能,是一套小而精的快递信息系统。

以上介绍的快递信息系统相对比较简单,目前国内外大型快递企业实际使用的快递信息管理系统的功能更加完善细致,但是基本构架大致相同,因此不再赘述。快递信息管理系统的部署和使用,可以大力提高快递业务的运作效率,降低快递企业运营成本,更加方便用户使用快递业务,是构成企业核心竞争力的重要组成部分。

第二节 条形码技术在快递作业中的应用

条形码技术是在计算机应用和实践中产生并发展起来的一种广泛应用于商业、交通运输业、物流快递业等领域的自动识别技术，具有输入速度快、准确度高、成本低、可靠性强等优点，在当今的自动识别技术中占有重要的地位。

条形码技术是随着计算机与信息技术的发展和应用而诞生的，集编码、印刷、识别、数据采集和处理于一身。

一、条形码技术原理与优势

条形码别名条码，是由美国的 N. T. Woodland 在 1949 年首先提出的。它是将宽度不等的多个黑条和空白，按照一定的编码规则排列，用以表达一组信息的图形标识符。"黑条"是对光线反射率较低的部分，"空白"是对光线反射率较高的部分。这些黑条和空白组成的数据表达一定的信息，并能够用特定的设备识读，转换成与计算机兼容的二进制和十进制信息。条形码依据信息存储模式不同分为一维条形码和二维条形码，如图 6-1 所示。

图 6-1 条形码

a) 一维条形码；b) 二维条形码

条形码通常印在纸张、不干胶标签、吊牌、水洗布等媒介上，条形码打印机如图 6-2 所示。当需要查询时，通过条形码扫描仪读取入计算机。通常，对于一种物品，它的编码是唯一的。

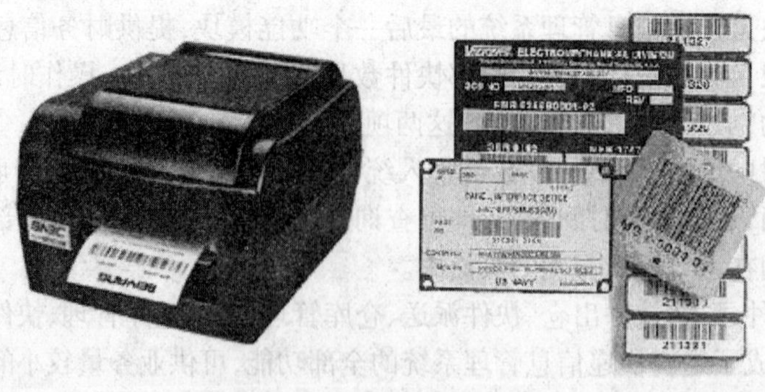

图 6-2 条形码打印机

普通的一维条形码需要通过数据库建立条形码与商品信息的对应关系，当条形码的数据传到计算机上时，由计算机上的应用程序对数据进行操作和处理。因此，普通的一维条形码在使用过程中仅作为识别信息，它的意义是通过识别然后在计算机系统的数据库中查找提取相对应的信息。

一维条形码只在一个方向(一般是水平方向)表达信息,其一定的高度通常是为了便于阅读器的对准。一维条形码的应用可以提高信息录入的速度,减少差错率。它的使用具有以下几个方面的优点。

(1)输入速度快。与键盘输入相比,条形码输入的速度是键盘输入的5倍,并且能实现"即时数据输入"。

(2)可靠性高。键盘输入数据出错率为三百分之一,利用光学字符识别技术出错率为万分之一,而采用条形码技术误码率低于百万分之一。

(3)采集信息量大。利用传统的一维条形码一次可采集几十位字符的信息。

(4)使用灵活。条形码标识既可以作为一种识别手段单独使用,也可以和有关识别设备组成一个系统实现自动化识别,还可以和其他控制设备连接起来实现自动化管理。

(5)成本低廉。条形码标签易于制作,对设备和材料没有特殊要求,识别设备操作容易且相对便宜。

但是一维条形码也存在一些不足之处,如数据容量较小、只能包含字母和数字、条形码尺寸相对较大(空间利用率较低)、遭到损坏后不能阅读等缺陷。为克服这些不足,一种改进的条形码系统应运而生,它在水平和垂直方向的二维空间均可存储信息,因此被称为二维条形码(2-Dimensional Bar Code)。

二维条形码有许多种编码与印刷方式,常用的码制有:PDF417、QR Code和Maxi Code三种。其中Maxi Code是由美国联合包裹服务公司(UPS)研制的,设计时充分考虑了快递行业特征,主要用于包裹的分拣和跟踪。

1. PDF417条形码

PDF417条形码是1990年由美籍华人王寅敬(音)博士发明的。它是目前国内外使用最广泛的一种二维条形码,从诞生之日起就受到普遍关注,经过几年的发展,已广泛应用在国防、公共安全、交通运输、医疗保健、工业、商业等领域。

PDF(Portable Data File)意思是"便携数据文件"。因为组成条形码的每一个条形码字符都是由4个条和4个空共17个模块构成,故称为PDF417条形码。其外观如图6-3所示。

PDF417条形码是一种多层、可变长度、具有高容量和错误纠正能力的连续型二维条形码。每个PDF417条形码符号可以表示超过1 100个字节、1 800个ASCII字符或2 700个数字的数据,具体数量取决于所表示数据的种类及表示模式。PDF417条形码可通过线性扫描器、光栅激光扫描器或二维成像设备识读。

2. QR Code条形码

QR Code条形码是1994年9月由日本研制出的一种矩阵式二维条形码符号,如图6-4所示。它是最早可以对中文汉字进行编码的条形码。

图6-3　PDF417条形码

图6-4　QR Code条形码

QR Code 条形码除具有二维条形码所具有的信息容量大、可靠性高、可表示汉字及图像多种信息、保密防伪性强等优点外,还具有超高速识读,全方位识读,能够有效地表示中国汉字、日本汉字的优点。QR Code 条形码是继 PDF417 条形码后发展较快的另一种二维条形码,并与 PDF417 条形码一样是最早被列入国际标准的二维条形码。经过近十年的发展,QR Code 条形码也得到了一些国家的认可,并已形成 ISO 标准(国际标准化机构)(2000 年 6 月)、JIS 标准(日本工业规格)(1999 年 1 月)、AIM 规格(1997 年 10 月)、中国国家标准[《快速响应矩阵码》(GB/T 18284—2000)]等。

3. Maxi Code 条形码

Maxi Code 条形码又称为 UPS Code 条形码,是一种由美国联合包裹服务公司(UPS)专门为快件系统设计的专用二维条形码。它于 1992 年推出后,于 1996 年由美国自动辨识协会(AIMUSA)制定了统一的符号规格,正式称为 Maxi Code,也称 USS-Maxi Code(Uniform Symbology Specification-Maxi Code)。1992 年与 1996 年所推出的 Maxi Code 条形码符号规格略有不同,其外观如图6-5所示。

1992年

1996年

图 6-5 Maxi Code 条形码

Maxi Code 条形码因中心位置有同心圆状图案,形似牛眼,快递行业俗称牛眼图。它是一种固定长度(尺寸)的矩阵式二维条形码,由紧密相连的多行六边形模块和位于符号中央位置的定位图形组成。Maxi Code 条形码共有 7 种模式(包括 2 种作废模式),可表示全部 ASCII 字符和扩展 ASCII 字符。

相对于一维条形码,二维条形码的特征表现在如下几点。

(1)信息储存量大。二维条形码从水平和垂直两个方向储存信息,一个二维条形码可以表示数百行或数千行的信息。相对于一维条形码作为识别用的 ID 条形码而言,二维条形码相当于一个小型数据库。

(2)高密度印刷。二维条形码可以用相当于一维条形码数十倍的密度印刷,而且可以根据信息量的多少扩大和缩小面积。

(3)纠正功能。因为可以携带大量信息,所以二维条形码也可携带用来纠正错误的数据。在其部分受损或被污染的情况下,可以自动复原,正常读取数据。

(4)全方位读取。一维条形码只可以在横向读取数据,而二维条形码可以在 360 度的范围内全方位读取数据。

(5)信息种类多样化。一维条形码只能使用英文数字和记号表示信息,而二维条形码除此之外,还可以用汉字以及图片表示信息。

二、条形码自动识别系统

条形码自动识别系统一般由条形码自动识别设备、系统软件、应用软件等组成。条形码自动识别设备包括扫描器、译码器、计算机和打印设备以及显示器。条形码自动识别软件一般包括扫描器输出信号的测量、条形码码制和扫描方向的识别、逻辑值的判断,以及阅读器与计算机之间的数据通信等几部分。根据需要,一台计算机可配置多台阅读器终端,一台译码器也可以用若干个扫描器联网,形成一个数据采集网络。

条形码阅读器是用于读取条形码所包含的信息的设备。其基本工作原理是由光源发出的光线经过光学系统照射到条形码符号上面,被反射回来的光经过光学系统成像在光电转换器上,使之产生电信号,信号经过电路放大后产生模拟电压,它与照射到条形码符号上被反射回来的光成正比,再经过滤波、整形,形成与模拟信号对应的方波信号,经译码器翻译为计算机可以直接识别的数字信号。

条形码阅读器主要分为有线式阅读器和便携式阅读器。有线式阅读器按其功能和用途,又可分为多功能阅读和各类有线式专用阅读器。这类阅读器一般直接由交流电源供电,在阅读器与计算机通信装置之间由电缆连接传递数据,除了具有能识别多种常用码制的功能外,还可以根据不同需要增加可编程功能、可显示功能以及多机联网通信功能等。有线式阅读器如图 6-6 所示。

便携式阅读器配有数据存储器,通常由电池供电,适用于脱机使用的场合。当数据搜集后,先把数据存储起来,然后转储主机。目前在国际市场上已推出能存储上万个条形码的便携式阅读器,广泛应用于快件收派、仓库管理、商品盘点以及多种户外作业。便携式阅读器如图 6-7所示。

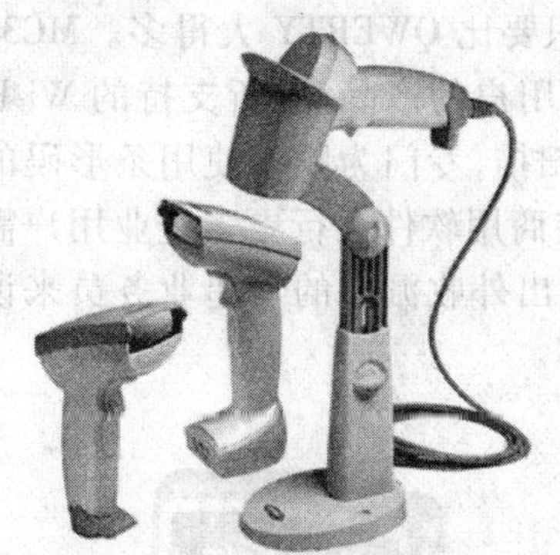

图 6-6　有线式阅读器

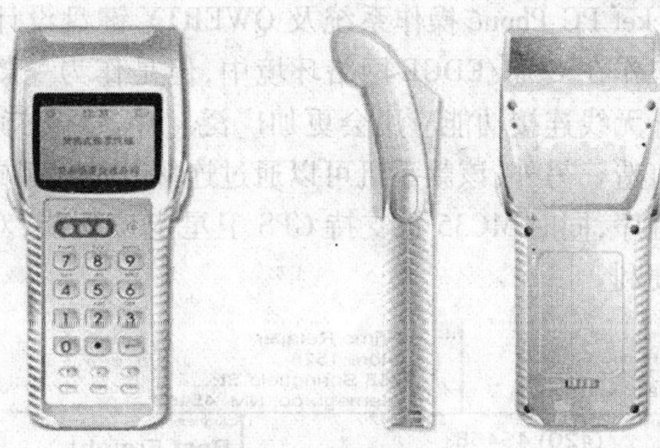

图 6-7　便携式阅读器

三、条形码技术在快递行业的应用

快递行业是条形码技术一个很重要的应用领域。在快件出入库、自动分拣、盘点和运输等方面,可以全面实现条形码管理,缩短业务的操作流程,提升分拣效率与跟踪及时率。

当前快递行业普遍使用一维条形码,每个快件都拥有唯一的条形码,并在快递运单上打印。计算机系统通过扫描条形码将承载产品信息的数据记录在系统中,并传递给相应的模块来执行下一步的业务操作。一般而言,一个快件的条形码根据路途的远近与传输工具的不同,被扫描的次数也有所不同。通常,一个快件在完成从收寄到投递的全过程中需要被扫描十几次。由于条形码的使用,客户通过输入快件的运单号码就能迅速查询到自己所寄出的快件的流向,同时可以准确地知道快件的运输状态与具体位置。而快递企业内部的相关工作人员也可以通过公司的信息管理系统查询到某位客户交寄快件的相关信息等。

由于一维条形码存储数据有限,读取设备简单,而二维条形码信息储存量大,同时支持无线电波远距离自动扫描识别,一些大型国际快递企业广泛使用二维条形码进行包裹的分拣和跟踪,而一维条形码大多只用于表单上记录表单序号信息。

在快件中转分拣中心,CCD 条形码扫描器自动捕捉传送带上送过来的快件,通过扫描快件上的条形码信息,自动将快件周转到另一条传送带上,运送到标明该目的地的分拣出口,汇总后装机运走。国际大型快递企业的条形码记录方式已经普及,图 6-8 是某国外快递企业使用条形码记录快递信息的表单。

当前,快递行业普遍使用手持式激光条形码阅读器,避免了用快件对运单或者用运单寻找快件的麻烦,减少了手工处理误差和重复搬运分拣的现象,减轻了快件收派员与搬运分拣人员的工作强度,显著提升了工作效率。以某国际知名快递企业为例,该公司最早在 20 世纪 80 年代就广泛使用条形码技术,该技术使其能够根据需要每天 24 小时跟踪和报告快件的运输状况。顾客只需拨打该公司提供的免费电话号码,即可获得名为“地面跟踪”的增值服务。该公司的快件收派员上门收件都配备开通 GPRS 无线功能的“掌中宝”,在接收顾客快件后立即用“掌中宝”扫描快递运单上的条形码,同时输入其他收件信息,并将信息传输至该公司的数据库,后台即可对该订单进行处理,安排运送。

除此以外,众多手机生产厂商也面对快递行业的特殊需求,推出具有条形码扫描以及带有无线连接功能的手机。

以某制造商生产的 Symbol MC35 工业手机为例(图 6-9),它采用了 Windows Mobile 5.0 for Pocket PC Phone 操作系统及 QWERTY 键盘设计,但体积要比 QWERTY 大得多。MC35 可以工作在 GSM/EDGE 网络环境中,但是作为一款企业级用户的产品,它所支持的 Wi-Fi 及蓝牙无线连接功能应用会更加广泛。MC35 支持条形码扫描,专门为频繁使用条形码的用户打造。另外,该款手机可以通过连接其他设备或者安装商用软件运行更多企业用户需要的程序,同时 MC35 也支持 GPS 卫星定位功能,对经常外出外收派件的快递业务员来说尤为便利。

FROM
Premier Supplier
1234 Niagara St.
Buffalo, NY 44556

TO
Primo Retailer
Store 1528
758 Springfield St.
Alamagordo, NM 45458

SHIP TO POSTAL CODE
(420) 45458

CARRIER
Best Freight
PRO: 2895769860
B/L: 853930

CUST
PO: 2003229851
ITEM: 002245599
DEPT: 22

STORE
(91)1528

SUPPLIER
FW3901P 1
218A12
84710 R

SSCC-18
(00) 0 0052177 513895717 2

图 6-8　某国外快递企业的条形码信息记录表单

图 6-9　Symbol MC35 工业手机

快递行业是对时效性要求非常高的行业,在竞争越来越激烈的今天,能为客户提供更为快速的传递效率,就意味着占据了优势地位。而条形码技术的应用增强了快递企业传送物品的时效性。

第三节　快递服务常用信息技术

作为对信息技术最为依赖的行业之一，从某种意义上讲，现代快递就是传统快递的信息化。快递信息技术是各种先进的信息技术在快递业务中的具体应用，即采用信息技术对传统快递业务进行优化整合，达到降低成本、提高服务水平的目的。以下介绍目前常用的几种信息技术。

一、快件控制信息库

快件控制信息库（SCL），一般是快递企业转运中心的信息应用系统，在进出口口岸与海关系统对接，用于处理进出口的快件运作。SCL 通过条形码扫描获取快件信息，把传统的手工数据输入降到最低，极大地提高了数据处理的及时性和准确性，可为每一个信息点提供快件详情，并同时为分拨中心的其他信息应用系统提供快件运输相关信息。

SCL 已经成为某些国际大型快递物流公司的业务核心信息系统之一，属于前台信息收集系统，为后台的其他信息系统进行快件信息的收集与汇总，支撑其他信息系统的运作。但各家公司在命名与功能划分上有所不同。

将 SCL 系统的功能与其他系统功能合并，统称为操作、服务和在线控制系统（COSMOS）。COSMOS 是快递企业用计算机来集中跟踪所处理的所有包裹的信息系统，不仅能使快递企业的员工掌握递送货物的确切状态和所处位置的实时信息，同时也能使客户通过网络或通过拨打快递企业的免费热线电话来查询、跟踪自己交寄快件的运送信息。

COSMOS 与企业内容管理系统（ECM）配合使用，可以实现无纸化办公，保证所需文档按照正常工作流程在正确时间提供给使用人员。有了 ECM，快递企业在全球快件寄递过程中所产生的所有单据都将转化为准确的、可检索的电子信息，统一管理，文档丢失率几乎降到零，能极大提高检索效率，简化运输流程。尤其在国际快递业务中的海关通关环节，可以大幅提高国际快件海关通关效率。

二、便捷发件系统

便捷发件系统（Easy-Ship），是一种由快递企业提供，供寄件人足不出户就能自行使用的高效快件处理系统。它包括装有专用软件的 PC 机、条形码阅读器、打印机和数字电子秤等设备，适合于发件量大、发件种类庞杂的大宗客户使用。

快递企业将 Easy-Ship 安装在客户端，通过电话线或其他通信手段与快递企业信息系统对接，实现客户在线自助填单发件、实时查询快件信息以及打印快运发票等业务，加快客户发件进程，减轻客户负担。其主要功能包括预约发件、信息查询、条形码标签打印、货运单号扫描以及发票声明书等的打印。

随着互联网技术的普及应用，快递企业开发出了基于互联网的企业网站，网站中包括了快递企业的基本信息和所能提供的快递业务与服务。用户 PC 机联网后，连接配备的条形码阅读器和打印机等外设，登录快递企业网站，即可完成以前 Easy-Ship 的功能，而且快递企业网站通过链接 COSMOS 可在线提供快件的实时跟踪和查询。基于互联网技术的快递企业网站的开通降低了使用成本，使得业务量相对较小的客户也可享用以往大客户才能体验的快捷与便利。

三、货物移动管理系统

现代快递应用计算机网络和信息技术，将原本分离的商流、物流、信息流和采购、运输、仓储、代理、配送等环节紧密联系起来，形成了一条完整的供应链。而对这条供应链的管控则需要货物移动管理系统（SMMS）的参与。

SMMS 是指快件在移动过程中，每个业务环节都有应对的检查点，将这些检查点的信息汇总便可直观地描述出快件的运送信息。SMMS 为每一个快件安排统一的标准代码和注解，以条形码的形式附于快件上，经由收件扫描、运送扫描、分拣规整扫描、送检扫描等，构成一条完整的快件信息传输路径，提高快件的可视性及透明度，为全程网络跟踪查询提供支撑。

为了更好地收集汇总运输工具与快件移动信息，SMMS 一般还需借助其他便携式设备的使用，如车载或手持式数字设备，以便现场实时收集整理移动信息。一些国际大型快递企业使用的数字协助递送系统（DADS）和超级追捕者（Super Tracker）便是典型工具。

DADS 是安装在汽车上的一台小型终端设备，它通过无线网络接收总部传递来的订单信息，可以快速指导速递员去下一个地点收集快件和包裹。Super Tracker 是一个手持式条形码扫描系统，通过扫描贴在包裹上的条形码，捕获详细的包裹递送信息。它主要用于速递员和包裹分拣员的岗位，能把工人变成配送处理器和信息收集者，极大地提高人工效率。这些先进设备的使用，提高了 SMMS 信息收集的力度与广度，为其下一步的信息处理与查询呈现提供可能。

SMMS 的信息汇总后，一般作为后台支撑系统与 SCL 搭配使用，组成全球操作控制中心系统（GOC），收集跟踪快递企业的所有货运飞机及载货汽车位置及实时运行情况，准确预测企业内部运输状况。GOC 扮演的后台系统角色与 COSMOS 扮演的前台角色理想搭配，可控制快递企业的正常高效运转，实现 SMMS 的设计目标。

传统的快递业务虽然早就存在，但由于没有相应的信息技术和系统理论的支持，被分散在不同环节的快递信息无法实现交流和共享，因此无法实现客户所期望的快捷，也就算不上真正意义的“快递”。而信息技术与信息系统的使用，让现代快递业务要求的“迅速、便捷、安全、可靠”成为现实。设备器材从硬件上提高了工作的效率、减少人力操作的失误率，信息平台从软件上为快递提供了大量的管理数据信息，便于货物查询、跟踪，用以作为管理决策的依据，极大地提高了配送的及时性、准确性和信息获取的实时性。

四、RFID 系统

RFID 是英文“Radio Frequency Identification”的缩写，中文译为无线射频识别，属于近场通信技术（NFC）范畴，是指一整套以无线射频识别标签为核心，实现近距离非接触式电子信息读取的技术。

使用 RFID 读取装置，以无线电波为介质，从静止或移动的贴有 RFID 标签的物体或人员读取数据信息，作为识别的依据。RFID 标签是一个特质微芯片，一般通过纸质粘贴、机械固定或其他办法附着在物品表面，记录该物品相关信息，供读取装置非接触式读取。通过自动信息的获取，完成对物体的追踪和辨识，实现实时监控和现场管理的目的。

相对条形码技术，RFID 技术具有远距离、非“视线”识别、高速、多标签批量识别、无须人工干预、信息可擦写、可工作于各种恶劣环境等特点，非常适用于快递分拣作业。

RFID 系统在通信频率上可采用 13.56M 赫兹和 2.4G 赫兹，目前大多采用 13.56M 赫兹。它广泛应用于图书馆、洗衣店、玩具、票据、卡片等诸多方面，读取装置通用性强，但也存在标签成本偏高、读写距离不足、误差偏大等缺点。快递分拣作业要求识读距离在 3 ~4 米,且能够在一定条件下多标签批量识别,因此选择超高频的 2.4G 赫兹频段 RFID 系统更加合适,但也存在读写距离误差较大、读取成功率不理想,同时 2.4G 赫兹频段是 ISM(工业、科学、医疗)公共频段,Wi-Fi 信号、蓝牙信号等均在此频段,电磁干扰较大。

RFID 的应用能解决快递行业最关注的运输速度和信息正确率问题,其优势在于以下几个方面。

(1)读写迅速

条形码扫描器每次只能扫描一个条码,而 RFID 识别器可同时辨识读取数个 RFID 标签。

(2)读写距离远

在被覆盖的情况下,RFID 能够穿透纸张、木材和塑料等非金属或非透明的材质进行穿透性通信,而条形码扫描器必须在近距离而且没有物体阻挡的情况下才可以识读条形码。

(3)可重复使用

条形码在印刷上去以后就无法更改,RFID 标签则可以重复地新增、修改、删除。

(4)芯片本身可以存储信息

一维条形码的容量是 50 字节,二维条形码的最大容量可储存 2 000 ~3 000 个字符,RFID 的最大容量则有数兆。随着记忆载体的发展,数据容量也有不断扩大的趋势,未来物品所需携带的资料量会越来越大,对卷标所能扩充容量的需求也会相应增加。

(5)抗污染性和耐久性强

传统条形码的载体是纸张,因此容易受到污染,而 RFID 对水、油和化学药品等物质具有很强的抵抗性。此外,由于条形码通常附于塑料袋或外包装纸箱上,所以特别容易受到折损;而 RFID 卷标是将数据存在芯片中,因此可以免受污损。

RFID 系统具有使用寿命长、读取距离大、数据可加密、存储量大和存储数据可以更换等优点,在快递行业的应用中具有广阔的前景。RFID 在整个快件运作流程中,从收件后录入信息开始,经过运输、通关、分拣等工序到最后送达客户手中的每个节点都能够发挥重要作用。但也应当看到,目前该技术由于标签成本较高、设备运作成熟度不足、读取效果不理想和电磁干扰等客观原因存在,在快递行业中的应用尚未完全成熟,几大国际快递企业均未大规模使用。相信随着技术的进步,在不远的将来 RFID 系统定会在快递行业中大放异彩。

【思考与练习】

1. 快递信息管理大致分为几个模块?各个模块的主要功能是什么?
2. 快递信息管理系统依据部署情况可分为哪几种?
3. 条形码技术根据条形码维数的不同,可分为哪两种?
4. 条形码阅读器依照扫描技术的不同可分为哪几种?目前主要应用的是哪种?

附录一 常见快递业务用语

由于快递行业作业环节非常庞杂,这里只简单罗列部分与快递业务相关的常用业务用语。

一、一般业务用语

Worldwide Express 全球速递

Air Courier 航空快件

Door to Door/Desk to Desk 门到门/桌到桌

Door/Desk to Airport 门/桌到机场

Hand Carry Services 手提运送服务

On Board Courier(OBC) 专差携带

Shipments 快件

Document Overseas Express(DOX) 文件快件

World Package Express(WPX) 包裹快件

Comat 公司资料

Consignor 发件人

Shipper 托运人

Consignee 收件人

Orig 发件地/始发地

Dest 收件地/目的地

Cargo Service(CGO) 货运

Lodgement 交货

Recovery 接获

Cash (CA) 现金客户

Credit(CR) 赊销客户

External Billing(EXB) 到付(由收件人支付运费)

Transport Collect(TC) 临时到付

House Airwaybill(HAWB) 分运单

Master Airwaybill(MAWB) 总运单

Shipment Interest Insurnce(SII) 快件价值保险

Prohibited/Restricted Commodities 禁运/限运品

Country Codes 国家代码

Service Area/Airport Codes 城市三字代码(服务地区/口岸)

Network 全球网络

Intranet 内部网络

Hub　国际快件分拨中心
Gateway(GWY)　口岸

二、快件操作相关用语

(一)地面作业

1. 正常服务
Dispatch Unit(DU)　调度组
Traffic Control Agent　调度人员
Service Alert　服务预报
On Hold(OH)　等候通知
Hold for Pick-up　等候取件
Consignee Collection(CC)　客人自取
P/U Date　取件日期
Proof of Delivery(POD)　已派送证明/客户回执
Free of Charge(FOC)　免费发件
Saturday/Holiday Delivery　周末/节假日派送
Priority　优先派送
With Courier(WC)　准备派送
OK Delivery(OK)　完成派送
P. O. D　派送结果
Universal Account Number(UAN)　全球客户账号
Delivery Duty Paid(DOP)　发件人支付税费
External Billing(EXB)　到付
External Billing Agreement(EBA)　协议到付
External Billing Require(EBR)　到付申请
Transport Collect(TC)　临时到付
2. 服务失败
CCM　服务失败
Mishandle　操作不当
Misroute(MS)　分拣错误
Cross　分拣混包
Miscode(MC)　代码错误
Miss Pick　遗忘取件
Not Delivered(ND)　未能派送
Misbeliever(MD)　派送错误
Undelivered　无法派送
Delay　运送延误
Damaged(DM)　快件破损
Shipment Damage(SD)　快件破损

Dam Part　部分破损
Demotte　全部破损
Lost Part　部分丢失
Lotto　全部丢失
Lost ppwk　丢失随附文件
Return to Origin(RT)　退回发件地
Others　其他原因

3. 异常情况

Bad Address(BA)　地址不详
Not Home(NH)　家中无人
Closed on Arrival(CA)　公司休息
Consignee Move(CM)　客人搬迁
Refuse Delivery(RD)　客人拒收
Disposal(DS)　客户放弃此件
Not Time(NT)　没时间
On Hold(OH)　等候通知
Hold for Payment(HP)　候件等付款
Piece Missing(PM)　票件不符/货件不符

(二)口岸作业

T/T　转运时间
TTR　转运时间报告
Exit et　离港日期
ETD/ETA　预计离港/到达时间
ATD/ATA　实际离港/到达时间
STD/STA　计划离港/达到时间
Cutoff Time　截止时间
Shipment　一票货物
TC. Shipment　临时到付货物
Arrival(AR)　货物到达
Receipt into Customs(IC)　货物在清关中
Broker(BR)　代办清关及送件
Customs Delay(CD)　海关延误
Record of Transit(TR)　转运至其他服务站
Unit Load Device(ULD)　飞机上承运货物的设备

三、作业文件相关用语

(一)一般用语

Shipment Pick up Record　取件记录单/取件清单
Shipment Delivery Record　派送记录单/派送清单

Proof of Delivery(POD)　交付凭证/客户回执
Label　标签

(二)取件清单

Staff No.　员工编号
Pick up Route　取件路线
Requested Time　要求时间
Pick up Time　取件时间
Agreed Time(AT)　约定时间
Pre-schedule(PR)　预约时间
Ready Now(RN)　即刻出发
Remarks　备注(取件清单)

(三)派送路单

Station　分公司/办事处
Courier　派送员
Delivery Date　派送日期
Courier Route　派送路线
Pieces　件数
Signature　签字

(四)分运单与背书条款

Sender Name　发件人姓名
Sender Company　发件人公司
Sender Address　发件人地址
Postcode　邮政编码
Receiver Name　收件人姓名
Receiver Company　收件人公司
Delivery Address　派送地址
Cannot Deliver to PO Box　不接受邮政信箱
Dest Country　目的地国家
Contact Person　收件人的联系人
Shipment Details　快件详情
Full Description of Contents　快件描述
Services　服务项目
Type of Export　出口类别
Permanent　长期
Repair/Return　返修
Transport Charges　运费结算
Charge Services　运费项目
Payment Details　付款详情

Account No.　账号
Cheque/Card No.　支票/信用卡号
Expiry　有效日期
Origin Codes　发件地代码
Destination Codes　目的地代码
Transport Collect Sticker No.　到付标签号码
No. of Pieces　件数
Weight　重量
Dimensions　尺寸
L×W×H(cm)　长×宽×高(厘米)
Important Notice　重要须知
Terms and Conditions　条款与条件
Contract　合同
International Shipment　国际快件
Do not Accept　不接受的快件
Inspection and Charging　查验与收费
Claims　索赔
Extent of Liability　赔偿范围
Liable for　赔偿说明/关于赔偿
Extent of Liability　赔偿范围
By Actual Value　实际价值
Shipment Insurance　快件保险
Not Liable for　免责说明/关于免责
Delayed Shipments　延误的快件
Circumstances beyond Our Control　不可抗拒的因素
Consequential Damages　间接损失

附录二　目的地代码

一、世界国家及地区代码

英文缩写	英文名称	中文名称
AE	The Arab Emirates	阿联酋
AF	Afghanistan	阿富汗
AL	Albania	阿尔巴尼亚
AO	Angola	安哥拉
AR	Argentina	阿根廷
AT	Austria	奥地利
AU	Australia	澳大利亚
AZ	Azerbaijan	阿塞拜疆
BD	Bangladesh	孟加拉国
BE	Belgium	比利时
BG	Bulgaria	保加利亚
BH	Bahrain	巴林
BI	Burundi	布隆迪
BJ	Benin	贝宁
BM	Bermuda	百慕大
BN	Brunei	文莱
BO	Bolivia	玻利维亚
BR	Brazil	巴西
BS	Bahamas	巴哈马
BT	Bhutan	不丹
BW	Botswana	博茨瓦纳
CA	Canada	加拿大
CF	Central Africa	中非
CG	Congo	刚果
CH	Switzerland	瑞士
CK	The Cook Islands	库克群岛
CL	Chile	智利
CM	Cameroon	喀麦隆

续上表

英文缩写	英文名称	中文名称
CN	China	中国
CO	Colombia	哥伦比亚
CR	Costa Rica	哥斯达黎加
CU	Cuba	古巴
CV	Cape Verde	佛得角
CY	Cyprus	塞浦路斯
CZ	Czech	捷克
DE	Germany	德国
DK	Denmark	丹麦
DZ	Algeria	阿尔及利亚
EC	Ecuador	厄瓜多尔
EE	Estonia	爱沙尼亚
EG	Egypt	埃及
ES	Spain	西班牙
ET	Ethiopia	埃塞俄比亚
FI	Finland	芬兰
FJ	Fiji	斐济
FR	France	法国
GA	Gabon	加蓬
GD	Grenada	格林纳达
GH	Ghana	加纳
GM	Gambia	冈比亚
GN	Guinea	几内亚
GQ	Equatorial Guinea	赤道几内亚
GR	Greece	希腊
GT	Guatemala	危地马拉
GU	Guam	关岛
GY	Guyana	圭亚那
HK	Hong Kong	香港
HN	Honduras	洪都拉斯
HR	Croatia	克罗地亚
HT	Haiti	海地
HU	Hungary	匈牙利
ID	Indonesia	印度尼西亚
IE	Ireland	爱尔兰
IL	Israel	以色列
IN	India	印度

续上表

英文缩写	英文名称	中文名称
IQ	Iraq	伊拉克
IR	Iran	伊朗
IS	Iceland	冰岛
IT	Italy	意大利
JM	Jamaica	牙买加
JO	Jordan	约旦
JP	Japan	日本
KE	Kenya	肯尼亚
KH	Cambodia(Kampuchea)	柬埔寨
KP	Korea	韩国
KR	Korea(D. P. R. K.)	朝鲜
KW	Kuwait	科威特
KZ	Kazakhstan	哈萨克斯坦
LA	Laos	老挝
LB	Lebanon	黎巴嫩
LT	Lithuania	立陶宛
LU	Luxembourg	卢森堡
LV	Latvia	拉脱维亚
LY	Libya	利比亚
MA	Morocco	摩洛哥
MC	Monaco	摩纳哥
MD	Moldova	摩尔多瓦
MG	Madagascar	马达加斯加
ML	Mali	马里
MN	Mongolia	蒙古
MO	Macao	澳门
MR	Mauritania	毛里塔尼亚
MT	Malta	马耳他
MU	Mauritius	毛里求斯
MV	Maldives	马尔代夫
MX	Mexico	墨西哥
MY	Malaysia	马来西亚
MZ	Mozambique	莫桑比克
NA	Namibia	纳米比亚
NE	Niger	尼日尔
NG	Nigeria	尼日利亚
NI	Nicaragua	尼加拉瓜

续上表

英文缩写	英文名称	中文名称
NL	Netherlands	荷兰
NO	Norway	挪威
NP	Nepal	尼泊尔
NZ	New Zealand	新西兰
OM	Oman	阿曼
PA	Panama	巴拿马
PE	Peru	秘鲁
PG	Papua New Guinea	巴布亚新几内亚
PH	Philippines	菲律宾
PK	Pakistan	巴基斯坦
PL	Poland	波兰
PT	Portugal	葡萄牙
PY	Paraguay	巴拉圭
QA	Qatar	卡塔尔
RO	Romania	罗马尼亚
RU	Russia	俄罗斯
RW	Rwanda	卢旺达
SA	Saudi Arabia	沙特阿拉伯
SD	Sudan	苏丹
SE	Sweden	瑞典
SG	Singapore	新加坡
SK	Slovakia	斯洛伐克
SM	San Marino	圣马力诺
SN	Senegal	塞内加尔
SO	Somalia	索马里
SY	Syria	叙利亚
TH	Thailand	泰国
TJ	Tajikistan	塔吉克斯坦
TM	Turkmenistan	土库曼斯坦
TN	Tunisia	突尼斯
TO	Tonga	汤加
TW	Taiwan	台湾
TZ	Tanzania	坦桑尼亚
UA	Ukraine	乌克兰
UG	Uganda	乌干达
UK	United Kingdom	英国
US	United States	美国

续上表

英文缩写	英文名称	中文名称
UY	Uruguay	乌拉圭
UZ	Uzbekistan	乌兹别克斯坦
VA	Vatican	梵蒂冈
VE	Venezuela	委内瑞拉
VN	Viet Nam	越南
YE	Yemen	也门
ZA	South Africa	南非
ZM	Zambia	赞比亚
ZW	Zimbabwe	津巴布韦

二、国内各省、自治区、直辖市、特别行政区简称、省会（首府）及邮编、电话区号

名称	简称	省会（首府）	邮政编码	电话区号
北京市	京		100000	010
天津市	津		300000	022
上海市	沪（申）		200000	021
重庆市	渝		400000	023
河北省	冀	石家庄市	050000	0311
山西省	晋	太原市	030000	0351
吉林省	吉	长春市	130000	0431
安徽省	皖	合肥市	230000	0551
山东省	鲁	济南市	250000	0531
江西省	赣	南昌市	330000	0791
河南省	豫	郑州市	450000	0371
湖北省	鄂	武汉市	430000	027
广西壮族自治区	桂	南宁市	530000	0771
四川省	川（蜀）	成都市	610000	028
贵州省	贵（黔）	贵阳市	550000	0851
陕西省	陕（秦）	西安市	710000	029
青海省	青	西宁市	810000	0971
宁夏回族自治区	宁	银川市	750000	0951
内蒙古自治区	蒙	呼和浩特市	010000	0471
辽宁省	辽	沈阳市	110000	024
黑龙江省	黑	哈尔滨市	150000	0451
江苏省	苏	南京市	210000	025
浙江省	浙	杭州市	310000	0571
福建省	闽	福州市	350000	0591

续上表

名　称	简　称	省会(首府)	邮政编码	电话区号
湖南省	湘	长沙市	410000	0731
广东省	粤	广州市	510000	020
海南省	琼	海口市	570000	0898
云南省	云(滇)	昆明市	650000	0871
西藏自治区	藏	拉萨市	850000	0891
甘肃省	甘(陇)	兰州市	730000	0931
新疆维吾尔自治区	新	乌鲁木齐市	830000	0991
香港特别行政区	港	香港	999077	00852
台湾省	台	台北市	999079	00886
澳门特别行政区	澳	澳门	999078	00853

三、国内主要城市航空代码

城市名称	机场名称	航空代码(三字)
广州	广州白云国际机场	CAN
郑州	郑州新郑机场	CGO
长春	长春大房身机场	CGQ
重庆	重庆江北国际机场	CKG
长沙	长沙黄花机场	CSX
成都	成都双流国际机场	CTU
福州	福州长乐机场	FOC
海口	海口美兰机场	HAK
呼和浩特	呼和浩特白塔机场	HET
合肥	安徽骆岗机场	HFE
杭州	杭州萧山国际机场	HGH
哈尔滨	哈尔滨太平国际机场	HRB
银川	银川河东机场	INC
南昌	南昌昌北机场	KHN
昆明	昆明巫家坝国际机场	KMG
贵阳	贵阳龙洞堡机场	KWE
兰州	兰州中川机场	LHW
拉萨	拉萨贡嘎机场	LXA
南京	南京禄口机场	NKG
南宁	南宁吴圩机场	NNG
北京	北京首都国际机场	PEK
上海	上海浦东机场	PVG
上海	上海虹桥机场	SHA

续上表

城 市 名 称	机 场 名 称	航空代码(三字)
沈阳	沈阳桃仙国际机场	SHE
石家庄	石家庄正定机场	SJW
济南	济南遥墙机场	TNA
天津	天津滨海国际机场	TSN
太原	太原武宿机场	TYN
乌鲁木齐	乌鲁木齐地窝堡国际机场	URC
武汉	武汉天河机场	WUH
西安	西安咸阳国际机场	XIY/SIA
西宁	西宁曹家堡机场	XNN

参考文献

[1] 中华人民共和国人力资源和社会保障部.国家职业技能标准　快递业务员(试行)[M].北京:中国劳动社会保障出版社,2008.

[2] 国家邮政局职业技能鉴定指导中心.快递业务员(初级):快件收派[M].北京:人民交通出版社,2009.

[3] 国家邮政局职业技能鉴定指导中心.快递业务员(初级):快件处理[M].北京:人民交通出版社,2009.

[4] 李力谋,乔桑.快递实务[M].北京:中国商务出版社,2005.

[5] 张兵.快递概论[M].北京:中国商务出版社,2006.